Friedrich · de Galgóczy

Mit Kindern Technik entdecken

Gerhard Friedrich · Viola de Galgóczy

Mit Kindern Technik entdecken

Frühe technische Bildung bei Kindern

Ein Vorlese-, Mitsing- und Experimentierbuch

BELTZ

Dr. Gerhard Friedrich, Dipl.-Pädagoge, ist Lehrer für die Fächer Mathematik, Technik, Pädagogik und Psychologie. Er lehrt als Privatdozent an der Universität Bielefeld. Gerhard Friedrich ist Gerätemechaniker, Buchautor und Spieleerfinder.

Viola de Galgóczy ist Mezzosoporanistin. Sie unterrichtet seit 2004 Gesang an der Pädagogischen Hochschule in Freiburg. Viola de Galgóczy konzertiert im In- und Ausland in den Bereichen Lied, Oratorium, zeitgenössische Musik, Jazz und Artrock und hat sich zudem als Komponistin, Texterin, Spieleerfinderin und Buchautorin einen Namen gemacht.

Lektorat: Cornelia Matz

www.beltz.de
Druck: Beltz Druckpartner, Hemsbach
Illustrationen: Katja Wehner, Leipzig
Notensatz/Technische Zeichnungen: Viola de Galgóczy
Umschlaggestaltung: glas ag, Seeheim-Jugenheim
Umschlagabbildung: Katja Wehner, Leipzig
Printed in Germany

ISBN 978- 3-407-62651-6

Inhalt

Vorwort

Vor ungefähr sechs Generationen, der genaue Tag war der 26. Oktober 1861, hielt der Lehrer Johann Philipp Reis (1834–1874) vor den Mitgliedern des »Physikalischen Vereins« in Frankfurt einen Vortrag und führte einen von ihm entwickelten Apparat vor, den er selbst Telefon nannte. Das war die Geburtsstunde des Telefons sowohl in Deutschland als auch in der ganzen Welt. Heute, 150 Jahre später, gibt es allein in Deutschland über 50 Millionen Festnetzanschlüsse, und die Anzahl der Mobiltelefone dürfte diese Zahl bereits bei Weitem übertreffen. Kaum einer von uns – auch nicht unsere Kinder – kann sich heute ein Leben ohne diese moderne Kommunikationsmöglichkeit vorstellen.

Das Telefon ist nur ein Beispiel für technische Errungenschaften, die uns ständig umgeben und die uns unverzichtbar erscheinen. Wir leben in einer Welt voller Technik – für unsere Kinder mit steigender

Tendenz, gerade im Bereich der medialen Technik. Die Technik prägt nahezu alle Lebensbereiche, denn wir nutzen sie privat zu Hause, in der Freizeit ebenso wie in Schule oder Beruf und im öffentlichen Bereich. Ein Leben ohne sie ist nicht mehr vorstellbar.

Doch was ist Technik überhaupt und warum sollen sich bereits Kinder damit beschäftigen?

Bei diesem Stichwort denken wir wohl in allererster Linie an den Umgang mit technischen Objekten, die gerade auch für Kinder alltäglich sind, z. B. an den Herd in der Küche, den Fön, unseren Computer, die Bohrmaschine, die Waschmaschine, Flugzeuge, Autos, Handys oder MP3-Player.

Wir Menschen sind jedoch nicht nur die Nutzer dieser Technik, sondern wir sind zugleich deren Schöpfer – mit allen Konsequenzen. Unsere Technik zeichnet sich vor allem dadurch aus, dass sie sowohl das Ergebnis menschlichen Schaffens darstellt als auch von uns Menschen benutzt wird. Technik erfüllt Zwecke, befriedigt Bedürfnisse und umfasst somit bei Weitem mehr als das reine Bedienungs- und Umgangswissen. Die Technikgeschichte ist aufs Engste mit der Geschichte unserer Menschheit und der Entwicklung unserer Lebensumstände verwoben.

In gängigen Wörterbüchern wird der Begriff »Technik« zumeist umschrieben als die Art, wie Mittel, Geräte, Verfahren, Einrichtungen und Maßnahmen angewandt werden, die den Zweck haben, dem Menschen das Leben zu erleichtern oder angenehmer zu machen. Kurz und bündig formulierte es Carl Friedrich von Weizsäcker (1912–2007): »Technik ist die Bereitstellung von Mitteln zur Erfüllung von Zwecken«, um an anderer Stelle zu ergänzen: »Technik ist Mittel zum Zweck, nicht Selbstzweck.« Der spanische Dichter und Philosoph José Ortega y Gasset (1883–1955) schließlich verfasste zum Thema einen recht passenden Aphorismus: »Technik ist die Anstrengung, Anstrengungen zu vermeiden.«

Auch aus diesen Umschreibungen wird deutlich, dass die Beschäftigung mit unserer Technik mehr zu leisten hat als den Umgang mit der reinen Produktseite, denn der Mensch ist sowohl Benutzer und Hersteller als auch Betroffener und Bewerter zugleich.

In diesem Sinne ist Technik stets verwoben in sowohl eine objektbezogene, objektive Dimension (Wie funktioniert ein Telefon?) als auch in eine gesellschaftliche Dimension (Wie hat sich unser Leben durch die Erfindung von Johann Philipp Reis verändert?). Die Genese und damit die Entstehungs- und Verwendungsgeschichte, die positiven, aber auch negativen Auswirkungen der Technik sollten deshalb ebenso mitbedacht werden wie die Funktionsprinzipien, die Wirkungsweisen oder die Herstellungsverfahren. Das Thema Technik, umfassend verstanden, besitzt demnach mehrere Perspektiven.

Nun stellt sich natürlich zu Recht die bereits formulierte Frage, ob für Kinder die Beschäftigung mit einem solch anspruchsvollen, mehrdimensionalen Technikbegriff überhaupt sinnvoll ist.

Aus bildungstheoretischer Sicht lautet die Antwort eindeutig: Ja! Da die heutige Lebenswelt der Kinder eine im höchsten Maße technisierte ist, benötigen Kinder grundlegende technische Kenntnisse, denn eine mündige Lebensbewältigung setzt ein adäquates Technikverständnis voraus. Eine frühe technische Bildung vermittelt jungen Menschen eine wichtige Orientierung in dieser stetig komplexer werdenden Welt. Nicht zuletzt sind sie die zukünftigen Schöpfer, und deshalb ist es wichtig, dass es einer frühen technischen Bildung gelingt, Kindern Freude an der Mitgestaltung dieser technischen Welt und der damit verbundene Mitverantwortung zum Wohl der Menschen und unserer Umwelt zu vermitteln. Die frühe technische Bildung wird dabei als unverzichtbarer Bestandteil einer Allgemeinbildung verstanden.

Dabei kann eine technische Bildung jedoch nicht automatisch mittels eines naturwissenschaftlichen Fächerkanons vermittelt werden, wie es leider in den gegenwärtigen Konzepten der Früh- und Grundschulpädagogik häufig angedacht wird. In vielen Fällen wird nicht einmal zwischen Naturwissenschaften und Technik unterschieden. Im Gegenteil: Diese Begriffe werden in der Regel bedeutungsgleich verwendet. Im Ergebnis selbst werden dann häufig leider nur Naturphänomene, oft in unsystematischer Form, betrachtet und der Bereich des Technischen wird im besten Fall auf einen einfachen Bastelunterricht reduziert. Dies hat zur Folge, dass die technische im Gegensatz zur naturwissenschaftlichen Bildung in unseren Bildungsplänen unterrepräsentiert ist, sich uns dies jedoch auf den ersten Blick nicht sofort erschließt.

Zwar lässt sich zwischen einer technischen Bildung und einer naturwissenschaftlichen Bildung ein gemeinsamer Kern verorten, auch bedient sich die Technik naturwissenschaftlicher Erkenntnisse; nichtsdestotrotz sind die Unterschiede zwischen den Naturwissenschaften bzw. den Naturphänomenen und den Technikwissenschaften bzw. der Technik groß. Technik ist substanziell keine simple Anwendung von Naturwissenschaften oder Mathematik, sondern sie verfolgt eigene Zwecke.

Dabei birgt die Vermittlung einer frühen technischen Bildung gegenüber einer frühen naturwissenschaftlichen Bildung sogar durchaus didaktische Vorteile in sich:

- Die Technik betrachtet die Dinge, wie sie sind, bzw. hinterfragt deren Ziele und Zwecke, während die Naturwissenschaften »hinter« die Dinge schauen möchten. Anders als die Naturwissenschaften, bei denen abstrakte und unabänderbare Naturgesetze das Zentrum des Interesses bilden, wird die Technik unmittelbar vom Menschen geschaffen und gestaltet. Kindern ist die (finale) Frage nach Sinn und Zweck oft näher als die (kausale) Frage nach abstrakten Ursachen.
- Durch den fachimmanenten Gestaltungsaspekt der Technik fördert eine frühe technische Bildung in hohem Maße die Fähigkeit, sich als verantwortlichen Mitgestalter der uns umgebenden Welt zu betrachten. Die Kinder erfahren, dass ein Großteil der sie umgebenden Welt von Menschen geschaffen wurde. Somit vermittelt technische Bildung die Geschichtlichkeit unseres Daseins und leistet einen Beitrag zur Werteorientierung.
- Ein technischer Fächerkanon kann sich im Gegensatz zu einem naturwissenschaftlichen vollständig an der Lebenswelt der Kinder orientieren und lässt sich an vorhandenen Kompetenzen der Kinder ausrichten.

Die zuletzt genannte inhaltliche Ausrichtung anhand lebensweltlicher Bezüge, in der pädagogischen Fachsprache spricht man in diesem Kontext von Lernfelddidaktik, liegt auch dem Ansatz unseres Buches zugrunde. Wir orientieren uns deshalb weniger an den Fachstrukturen als vielmehr daran, in welchen Lern- bzw. Handlungssituationen Kindern im Alltag Technik begegnet.

Für alle diejenigen, die die gerade skizzierte Perspektive vertiefen möchten, beginnt unser Buch deshalb mit einem technikdidaktischen Grundlagenteil, der einen Rahmen für weiterführende technikbezogene Initiativen und Beschäftigungen mit Kindern schaffen möchte. Es ist natürlich nicht notwendig, mit diesem Teil des Buches zu beginnen. Vielleicht erwacht der Wunsch nach theoretischen Grundlegungen auch aus der Beschäftigung mit der Praxis im Nachhinein.

Der zweite Teil wendet sich direkt an die Kinder und ist in sechs Abschnitte unterteilt, die zentrale Problem- und Handlungsfelder der Technik ansprechen. Diese sechs Abschnitte werden durch eine Rahmengeschichte um einen Jungen, ein Mädchen, deren Großeltern und die Krähe Rabine, die gemeinsam eine Weltraumexpedition bzw. Planetenerkundung starten, zusammengeführt. Diese für Kinder höchst motivierende Fantasiegeschichte ist für ein Technikbuch insofern »realistisch«, als sich die technischen Problemsituationen, die es innerhalb des Handlungsverlaufs zu lösen gilt, aus der Geschichte heraus organisch ergeben.

Im Zusammenhang mit jeder Geschichte werden exemplarisch eine oder zwei praktische Aktivitäten vorgestellt. Dabei sind wir uns natürlich bewusst, dass sich mittels jeweils einer einzigen Praxisaufgabe der Bedeutungsumfang dieser Handlungsfelder nicht abbilden lässt. Ein umfangreicher technisch-praktischer Teil findet sich in »Mit Kindern Technik entdecken – das Praxisbuch«.

Die Geschichten werden von thematisch angepassten Liedern begleitet. Dies geschieht vor allem deshalb, weil Musik und das Singen den Kindern Freude bereiten und dabei vielerlei positive Sekundäreffekte, z. B. in Bezug auf die sprachliche und soziale Förderung, ausgelöst werden.

Allein schon die Tatsache, dass Kinder mit unmittelbarem Interesse, mit unglaublicher Freude und Neugierde technische Sachverhalte betrachten, dass sie es lieben, zu planen, zu bauen, zu konstruieren, zu analysieren, zu experimentieren, zu montieren und zu demontieren, nimmt die Elementar- und Grundschulpädagogik in die Pflicht, hier entsprechende Angebote zur Verfügung zu stellen.

An dieser Stelle möchten wir uns ganz herzlich bei all denjenigen bedanken, die uns während der Arbeit an diesem Buch unterstützt haben: Frau Alexandra Busam für den professionellen Griff zum Fotoapparat, Frau Cornelia Matz für ihre stets konstruktive und gewinnbringende Lektoratsarbeit sowie allen Musikerinnen und Musikern, die zum Gelingen der CD beigetragen haben. Unser ganz besonderer Dank gilt den Kindern der Kinderakademien in Lahr-Mietersheim, Kehl, Wolfach, Achern und Zell-Weierbach. Durch ihre Mithilfe war es uns möglich, die in diesem Buch vorgestellten Inhalte nicht nur am Schreibtisch, sondern gemeinsam an der Werkbank und im Unterricht zu entwickeln.

Ihre Viola de Galgóczy und Gerhard Friedrich

Grundlagenteil

»Technik wächst nicht auf Bäumen, sondern ist das Ergebnis einer von Interessen geleiteten, zielgerichteten Auseinandersetzung von Menschen mit Gegebenheiten der Natur beziehungsweise mit vorhandenen technischen Mitteln und Verfahren.« Diese Worte stammen von Burkhard Sachs (Sachs, B. (2001): Technikunterricht: Bedingungen und Perspektiven. In: tu - Zeitschrift für Technik im Unterricht, Jahrgang 26/Heft 100, S. 5-12.). Nach Sachs sollte jedes Konzept technischer Bildung über das zugrunde gelegte Verständnis der Technik Rechenschaft ablegen.

Nun möchten wir Ihnen genau darüber ebenso Auskunft geben, wie wir versuchen werden, die Frage zu beantworten, warum wir die Technik für einen bildungsrelevanten Wirklichkeitsbereich halten.

Im Anschluss daran besprechen wir technische Handlungsfelder und technische Kompetenzbereiche in der Tradition des sogenannten »mehrperspektivischen Ansatzes der technischen Bildung«. Außerdem diskutieren wir den Gender-Aspekt und geben noch einige methodische Hinweise – auch zum Umgang mit diesem Buch.

Warum eine technische Grundbildung wichtig ist

Dass unser Leben in der uns wohl vertrauten Form ohne moderne Technik nicht möglich wäre, ist kaum zu bezweifeln. Unser hoher Lebensstandard und unser Wohlstand sind untrennbar an technische Errungenschaften gebunden. Denken wir nur, um ein Beispiel aus einer nahezu unerschöpflichen Bandbreite zu benennen, an das Gesundheitswesen. Wahrscheinlich wäre niemand von uns bereit, im Falle einer lebensbedrohlichen Krankheit auf die Errungenschaften moderner Diagnosetechnik zu verzichten. Die moderne Medizintechnik ist, neben weiteren durch Technik mitbedingten Faktoren, nicht zuletzt auch dafür verantwortlich, dass sich unsere Lebenswartung in den letzten 100 Jahren nahezu verdoppelt hat.

Ebenso unstrittig ist die Tatsache, dass die fortschreitende Technisierung aller Lebensbereiche leider nicht ausschließlich segensreich ist, sondern auch große Gefahren in sich birgt. Hier denke man etwa an die Bedrohung unserer natürlichen Lebensressourcen in Form von Verschmutzung der Luft, des Wassers und des Bodens oder an die unabschätzbaren Folgen der globalen Klimaerwärmung, die durch unseren unersättlichen Energiehunger und den dadurch bedingten Kohlendioxidausstoß mit verursacht wird. Auch für diese negative Seite der Technik ließen sich Beispiele in nahezu beliebiger Anzahl aufzählen.

Doch damit nicht genug, bedrohen diese technischen Entwicklungen und Anwendungen unsere natürlichen Lebensgrundlagen und haben überdies auch Einfluss auf unsere sozialen Systeme – man denke nur an die arbeits- und sozialpolitischen Folgen der weltweit zunehmenden Vollautomatisierung in den Fabriken und Fertigungshallen.

Diese negativen Folgeerscheinungen sind gewiss die Kehrseite davon, dass uns Technik gesellschaftlichen, kulturellen und wirtschaftlichen Luxus beschert. Der entscheidende Punkt ist jedoch, dass diese zweifelsohne sehr bedrohlichen und unschönen

Seiten unserer »Technik-Medaille« nur mithilfe der Technik selbst korrigiert und überwunden werden können. Eine generelle Technikfeindlichkeit schafft also keine Lösung.

Geht es beispielsweise darum, der globalen Erderwärmung entgegenzuwirken, müssen technische Lösungen gefunden werden, die es etwa erlauben, Energie aus erneuerbaren Quellen (z. B. Sonne, Wind, Wasserkraft) bereitzustellen, um parallel dazu die konventionelle Verbrennung von fossilen Brennstoffen (Erdöl, Gas und Kohle) stetig abbauen zu können.

Die Ablehnung solcher ressourcenschonender Technologien kann hier deshalb ebenso wenig eine Lösung darstellen wie der umgekehrte Fall einer unhinterfragten Technikfaszination, die nur das Machbare im Sinne reiner Sachtechnik im Blick hat und dabei die möglichen Konsequenzen ausblendet.

Um zu einer realistischen Sichtweise über unsere Technik zu gelangen – meist bewegt sie sich in einem Spannungsfeld zwischen Faszination für das technisch Machbare und blinder Ablehnung derselben –, bedarf es einer technischen Grundbildung als integralen Bestandteils der Allgemeinbildung.

In unserer hoch technisierten Welt erscheint eine Bildungstheorie, welche die Technik ausblendet beziehungsweise diese allenfalls in den Bereich der Berufsbildung für wenige Experten verortet, schlicht unvollständig, unangemessen und nicht zuletzt gefährlich. Technik ist ein sehr bedeutender Bestandteil unseres Lebens und unserer Kultur und damit ein bildungswerter Gegenstand für jeden Menschen. Unser Anliegen, mit Kindern Technik zu entdecken, zielt darauf ab, Kindern eine frühe technische Grundbildung zu vermitteln. Dabei geht es nicht darum, die Kinder zu »Mini-Ingenieuren« oder zu »Mini-Facharbeitern« im Sinne einer späteren »Arbeitsmarktverwertung« heranzubilden. Unser Ziel sollte vielmehr sein, Kinder in die Lage zu versetzen, sich sowohl konstruktiv als auch kritisch, das heißt, sich sowohl kreativ und kompetent als auch verantwortungsvoll mit Technik auseinanderzusetzen.

Im Folgenden möchten wir Sie zur Diskussion anregen, indem wir in Form von elf Thesen schlagwortartig für eine frühe technische Bildung unserer Kinder werben.

Zwölf Thesen für eine frühe technische Bildung

1. **Es gibt viele, unter anderem auch empirische und neurobiologische, Argumente für das alte Sprichwort: »Was Hänschen nicht lernt, lernt Hans nimmermehr.«**
   Die Zeit vor der Einschulung und die ersten Grundschuljahre sind entscheidend für die gesamte Bildungsvita eines Menschen. Empirische Studien belegen ebenso wie aktuelle Erkenntnisse aus den Neurowissenschaften, dass der Bildungsprozess bereits bei der Geburt beginnt. Es existieren in vielen Bereichen des Lernens und der Interessensentwicklung mehr oder weniger klar definierte Zeitfenster, die in den meisten Fällen zwar nicht völlig geschlossen werden, aber doch zumindest tendenziell. Wenn uns als Gesellschaft eine technische Bildung wichtig ist, sollte die Didaktik im Rahmen der Allgemeinbildung auf das Wissen um diese Zeitfenster reagieren und nicht, wie es bisher leider oft der Fall war, den Bereich der technischen Bildung ausschließlich in der Berufsschulwelt ansiedeln.

2. **Zwei einander widersprechende Auffassungen dominieren das öffentliche Bewusstsein gegenüber der Technik.**
   Die erste Auffassung lässt sich beschreiben als eine weitgehend unkritische Technikfaszination. Mittels Technik erscheint alles machbar. Technische Geräte und technische Verfahren werden grenzenlos konsumiert und eine folgenbedachte kritische Abwägung wird ausgeblendet.
   Die zweite Auffassung steht dieser diametral entgegen und manifestiert sich insbesondere gegenüber neu entwickelten und nicht verstandenen Techniken in einer grundsätzlichen Technikskepsis bis hin zur Technikfeindlichkeit.
   Beide Auffassungen sind jedoch nicht angemessen und beruhen auf Unkenntnis. Eine frühe technische Bildung hilft, diese schädlichen Sichtweisen zu korrigieren, um zukünftig eine realistische und objektivere Betrachtung zu ermöglichen.

3. **Eine technische Bildung ist im Gegensatz zur naturwissenschaftlichen Bildung in unseren Bildungsplänen unterrepräsentiert.**
   In den Orientierungs-, Lehr- und Bildungsplänen unserer Kindertagesstätten und Grundschulen wird der technischen und naturwissenschaftlichen Bildung zwar durchaus Raum zugemessen. In der Realität reduzieren sich die Bildungsinhalte indessen überwiegend und gelegentlich sogar ausschließlich auf naturwissenschaftliche Inhalte.
   Ein sich anbahnendes Verständnis von Technik wird nicht vermittelt. Vor allem jedoch – und hier liegt der größte Mangel – wird die Anschlussfähigkeit unterschiedlicher Bildungssysteme – z. B. Kindergarten, Grundschule, weiterführende Schulen – dabei ausgeblendet. Ein vertikal in sich stringenter Plan einer technischen Bildung, beginnend in den Kindertagesstätten und in der schulischen Oberstufe endend, erscheint dringend geboten.

4. **Die Begriffe »technische Bildung« und »naturwissenschaftliche Bildung« besitzen zwar einen gemeinsamen inhaltlichen Kern, die Unterschiede überwiegen jedoch.**
   Die Technik fragt nicht nach der Ursache eines Naturphänomens, sondern stets nach dem Sinn und Zweck eines von Menschen geschaffenen Werks. Kausales und finales Denken stehen hier in Konkurrenz.
   Die Fragen der Technik lauten:

- Wo und wie können technische Neuerungen, Entwicklungen und Erfindungen der Befriedigung unserer Bedürfnisse dienen?
- *Was* nützt uns diese Technik und *wem* nützt sie?

Diese technische Zugangsweise ist Kindern näher als die naturwissenschaftliche und im Elementar- und Grundschulbereich nicht im gleichen Maße wie die naturwissenschaftliche Zugangsweise auf ein gesichertes Theoriewissen angewiesen – denn sie beschäftigt sich handelnd mit Herstellung, Gebrauch und deren Sinnhaftigkeit, während die Naturwissenschaften »hinter« die Dinge schauen möchten und nach analytischen Erklärungen sucht. Anders als die Naturwissenschaften, bei denen abstrakte und unabänderbare Naturgesetze das Zentrum des Interesses bilden, wird die Technik unmittelbar vom Menschen geschaffen. Deshalb ist die der Technik angemessene Beurteilungskategorie auch nicht »richtig oder falsch« (diese gilt innerhalb der Naturwissenschaften), sondern stets »gut oder schlecht«. Daraus folgt, dass eine technische Bildung auch nicht automatisch mittels eines naturwissenschaftlichen Fächerkanons vermittelt werden kann, sondern dass sie einer eigenen Fachdidaktik innerhalb des Allgemeinbildungsbegriffs bedarf.

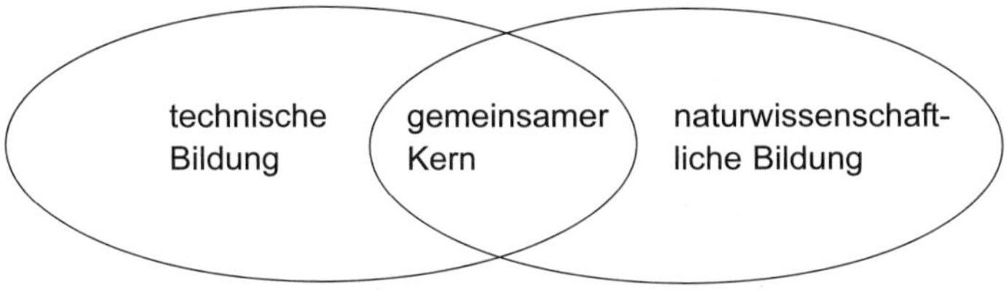

5. **Eine frühe technische Bildung vermittelt den jungen Menschen Orientierung in einer stetig komplexer werdenden technischen Welt.**
Technik bestimmt unsere Kultur und Zeit. Dabei ist es nicht selten, dass sich technische Laien im Alltag einer immer häufiger undurchschaubaren und unverständlichen Technik gegenübergestellt sehen. Es herrscht eine Kluft zwischen dem rasanten Wandel der Technik einerseits und dem Verstehen dieser Technik andererseits.
Deshalb ist es wichtig, gerade jungen Menschen mittels einer technischen Grundbildung eine Orientierung in dieser komplexer werdenden technischen Welt zu ermöglichen. Dabei geht es nicht um technisches Spezialwissen für die Berufswelt, sondern um eine technische Grundbildung, die es ermöglicht, ein Verständnis für die Technik und ihre Gestaltbarkeit zu gewinnen.

6. **Eine frühe technische Bildung fördert in hohem Maße die Fähigkeit, sich als verantwortlichen Mitgestalter der uns umgebenden Welt zu betrachten.**
Durch den fachimmanenten Gestaltungsaspekt der Technik entdecken die Kinder, dass ein Großteil der sie umgebenden Welt von uns Menschen geschaffen wurde. Technische Objekte sind allesamt Artefakte, von der aus Stein gehauenen Pfeilspitze bis hin zum Weltraumsatelliten. Die Kinder erfahren sich in der Auseinandersetzung mit diesen Objekten als Werkschaffende, als *Homo Faber*. Auf diese Weise fördert eine frühe technische Bildung das Gefühl des Verantwortungsbewusstseins für unsere Umwelt und die Mitmenschen, da die Kinder erkennen, dass sie selbst diejenigen sind, die zukünftig die Welt gestalten.

7. **Ebenso vermittelt eine frühe technische Bildung die Geschichtlichkeit unseres Daseins und dadurch eine gesellschaftliche und ökologische Werteorientierung.**
Technische Errungenschaften wandeln sich immer schneller. Wenn Kinder bemerken, dass diese Veränderungen nicht vom Himmel fallen, sondern von Menschen herbeigeführt werden, werden sie wahrscheinlich eher bereit sein, sowohl gesellschaftliche und als auch ökologische Verantwortung dafür zu übernehmen.
Dabei ist die schrittweise Bewusstwerdung des Einflusses der Technik auf unsere Umwelt, auf die Wirtschaft und auf die sozialen Systeme sowie deren gegenseitige Wechselwirkungen eine notwendige Voraussetzung dafür, solch ein gesellschaftliches und ökologisches Verantwortungsgefühl zu entwickeln.

8. **Ein technischer Fächerkanon lässt sich im Unterschied zu einem naturwissenschaftlichen lückenlos an der Lebenswelt der Kinder orientieren.**
Für Kinder haben naturwissenschaftliche Fragestellungen gegenüber technischen einen Nachrang, denn sie kommen täglich auf natürliche Weise mit unterschiedlichster Technik in Berührung, nicht jedoch mit Naturwissenschaften. Eine didaktische Systematik der Technik lässt sich deshalb anhand von konkreten Lebens- und Handlungssituationen aufbauen, in denen Kinder mit Technik im Alltag in Berührung kommen. Solch ein Vorgehen lässt sich innerhalb der Naturwissenschaften kaum leisten, denn deren Vermittler sind gezwungen, eine didaktische Systematik von der inneren Entfaltungslogik des entsprechenden Faches (z. B. Physik, Geografie oder Chemie) her zu entwickeln.

9. **Immer mehr technische Wirklichkeitsbereiche lassen sich nur durch eine gezielte didaktische Reduktion im Rahmen einer frühen technischen Bildung erschließen.**
Aufgrund der zunehmenden Komplexität technischer Produkte und Verfahren und des in aller Regel nicht (mehr) direkt ersichtlichen funktionellen Aufbaus dieser Produkte und der Abläufe dieser Verfahren muss es Kindern ermöglicht werden, Erfahrungen im Umgang damit zu sammeln und Einblicke in die Funktionsweise zu gewinnen. Auch dazu bedarf es einer didaktisch begründeten und methodisch angeleiteten frühen technischen Bildung.

10. **Eine frühe technische Bildung unserer Kinder ist ein Beitrag zur Bewahrung und Stärkung der Wirtschaftskraft unserer Gesellschaft.**
Im Zuge der Globalisierung werden mit einem stetig geringeren Aufkommen an Arbeitskraft immer mehr Güter und Dienstleistungen produziert. Deutschland muss in dieser nationalen und vor allem auch international sich verschärfenden Wettbewerbssituation seine Wirtschaftskraft und damit die Zukunftsfähigkeit bewahren. Dies kann in einem rohstoffarmen Land jedoch nur mit innovativer Wissenschaft, Forschung und nicht zuletzt mit zukunftsweisender Technik gelingen. Nur so können mittel- und langfristig die lokalen Wirtschaftsstandorte gesichert, zukunftssichere Arbeitsplätze geschaffen und Zukunftschancen eröffnet werden.

11. **Eine frühe technische Bildung entdeckt Spitzenbegabungen.**
Spitzenbegabungen gibt es auch innerhalb der Technik. Ähnlich wie beispielsweise im Sport oder in der Musik lassen sich jedoch ungleich mehr Spitzenbegabungen entdecken und dann entsprechend entfalten, wenn eine technische Bildung einer breiten Schicht bzw. möglichst allen Kindern schon in jungen Jahren zugutekommt.

12. **Sprachförderung und technische Grundbildung lassen sich ebenso kombinieren, wie sich mittels einer technischen Früherziehung weitere bildungsrelevante Querverbindungen ziehen lassen.**
Der Aufbau technischer Kompetenzen vollzieht sich mittels sozialer Interaktion in konkreten Handlungssituationen, die sich durch eine hohe Kommunikationsdichte auszeichnen.
Innerhalb dieser kommunikativen Abläufe lässt sich ganz gezielt Sprachförderung betreiben, wenn darauf geachtet wird, dass alle zu erlernenden

technischen Fähigkeiten und Fertigkeiten seitens der Kinder sprachlich aktiv und korrekt begleitet werden. Weitere Querverbindungen, z. B. durch das Abmessen beim Konstruieren zur Mathematik, zu vielen Naturwissenschaften, etwa der Physik, aber auch zur Kunst und Musik sind ebenso impliziter Bestandteil einer frühen technischen Bildung wie etwa die Förderung motorischer und handwerklicher Fähigkeiten oder die Stärkung der Teamfähigkeit oder einer allgemeinen, fantasievollen Problemlösefähigkeit. Eine frühe technische Bildung zielt deshalb auf weitere bildungsrelevante Basiskompetenzen.

Technische Handlungsfelder

Sieht man sich als Autorenteam vor die Frage gestellt, welche bildungswirksamen Inhalte in einem Technikbuch für Kinder unverzichtbar erscheinen, so ist die Gefahr der anschließenden Resignation nicht gering.

Nach welchen Kriterien muss aus der Vielzahl möglicher Inhalte ausgewählt werden? Eine Systematik, die sich der Beliebigkeit entzieht, sollte eine didaktische Grundlegung jedenfalls erkennen lassen.

Möchte man etwa die verschiedenen Fachgebiete der Technik berücksichtigen, also z. B. alphabetisch beginnend bei der Agrar-, Antennen- und Automatisierungstechnik über die Verfahrens-, Verkehrs- und Vermittlungstechnik bis hin zur Zerspannungstechnik, so wird klar, dass diese Aufgabe nicht zu bewältigen ist, denn es existieren weit über 50 verschiedene Einzeldisziplinen der Technik (wobei interdisziplinäre Kombinationen wie z. B. die technische Chemie hierbei nicht mitgezählt sind). Die inhaltliche Bandbreite technischer Gegenstandsbereiche ist immens groß und nahezu unüberschaubar. Selbst wenn es gelingen würde, die für Kinder interessantesten Fachgebiete zu isolieren – auf die Hochspannungstechnik ließe sich wohl ebenso verzichten wie auf die Wehrtechnik, wohl kaum jedoch auf die Holztechnik –, wäre diese »curriculare Herausforderung« nur unbefriedigend zu lösen. Denn immer noch wäre dieser Pool zu groß, und jede ausgewählte Fachdisziplin wäre für sich alleine genommen inhaltlich so umfangreich, dass die Auswahl nahezu willkürlich erfolgen müsste. Dies wird sofort deutlich, sieht man sich den inhaltlichen Umfang, der sich z. B. hinter dem Begriff der Energietechnik verbirgt, genauer an. Er reicht von der Funktionsweise einer Dampfmaschine oder eines Kernkraftwerkes bis hin zur Problematik der Klimaerwärmung, die ja bekanntlich durch die zügellose Verwendung fossiler Brennstoffe verursacht wird.

Die Aufgabe, eine umfassende und dem Begriff der frühen technischen Bildung angemessene Auswahl an Inhalten zu treffen, erscheint deshalb auf diesem Wege nicht befriedigend lösbar.

Eine weitere Möglichkeit bestünde darin, die Technik in die Kategorien der »stoffumsetzenden«, der »Energie umsetzenden« und der »Informationen umsetzenden« Systeme zu differenzieren und diese nach ihren Funktionen zu unterscheiden, also etwa der Speicherung, des Transports oder der Wandlung, und innerhalb dieses Rahmens exemplarisch eine Auswahl zu treffen. Auf diese Weise würde es gewiss gelingen, eine überschaubarere Systematik zu entwerfen. Der ganz entscheidende Nachteil dieser systemtheoretischen Betrachtung dürfte jedoch der für Kinder höchst abstrakte Charakter dieser Einteilung darstellen, und sie scheidet aus diesem Grunde ebenso aus.

Wesentlich vielversprechender erscheint es deshalb, wenn wir zur Beantwortung unserer Eingangsfrage – welche bildungswirksamen Themen in einem Technikbuch für Kinder unverzichtbar erscheinen – die Blickrichtung ändern. Sämtliche Versuche, dieses Problem aus der Perspektive der Technik selbst heraus anzugehen, sind kaum realistisch und führen im besten Fall zu einer recht willkürlichen Zusammenstellung technischer Phänomene, die zwar für Kinder durchaus motivierend sein können, dabei jedoch jede weitere Systematik vermissen lassen.

Fragt man indessen, in welchen Lebens- und Handlungssituationen technische Kompetenzen vonnöten sind, um Technik zu bewältigen, so gelangt man zu einer sehr überschaubaren Darstellung. Hier hat sich innerhalb der Technikdidaktik in den letzten Jahren ein weitgehender Konsens abgezeichnet, welche konkreten Lernfelder zu benennen sind. Sie sind offene thematische Einheiten, die sich nicht an den technikspezifischen Strukturen, sondern vielmehr an zu bewältigenden Lernsituationen innerhalb technischer Handlungssituationen orientieren. Sie rücken das Kind mit all seinen Kompetenzen in den Mittelpunkt des Lernprozesses und nicht, wie es in älteren didaktischen Ansätzen häufiger der Fall war, den zu lernenden Stoff oder gar die Lehrperson.

Die folgenden sechs Handlungsfelder sollen deshalb einen so verstandenen inhaltlichen Orientierungsrahmen liefern, der mit Blick auf den rasanten technischen und damit verbundenen gesellschaftlichen Wandel als ein offenes und veränderbares Rahmenmodell zu betrachten ist:

1. Bauen und Wohnen
2. Transport und Verkehr
3. Produkt und Produktion
4. Versorgung und Entsorgung
5. Information und Kommunikation
6. Haushalt und Freizeit

Innerhalb dieser sechs Lern- und Handlungsfelder, die wesentliche Bedeutung für die Lebensbewältigung und Lebensführung unserer Kinder haben, sollen diese ihre technikbezogenen Kompetenzen zunächst erfahren, um sie dann zu erweitern. Die moderne Lernfelddidaktik geht davon aus, dass sich die auf das Fach Technik bezogenen fachwissenschaftlichen Inhalte innerhalb dieser Handlungsfelder darstellen lassen und es für die Lernenden selbst eine hohe Motivation darstellt, die Fachinhalte anhand realistischer Lernsituationen mit Alltagsbezug zu erfahren.

Die Fantasiegeschichten und die dazu passenden Lieder in unserem Buch – die exakt die aufgezählten sechs Handlungsfelder beziehungsweise Themenkomplexe adressieren – dienen dabei als motivierende Rahmenhandlung. Diese ist insofern »realistisch«, als den vier Protagonisten Leonie, Lutz, ihren Großeltern sowie dem Maskottchen Rabine just solche technischen Fähigkeiten und Fertigkeiten abverlangt werden, die den genannten Handlungsfeldern entsprechen. Aus den Problemen und Fragestellungen innerhalb der Geschichten ergeben sich Herausforderungen, die als konkrete Arbeitsaufträge für die lesenden Kinder interpretiert werden können. Solch ein Vorgehen besitzt erfahrungsgemäß eine hohe Motivationskraft. Die Idee ist dabei auch, dass Kinder, die vielleicht von sich aus kein Interesse oder keinen inneren Bezug zu technischen Themen haben, sich eventuell auf diese sekundäre Weise »anstecken« lassen.

Vorweg gilt es jedoch für die vier Protagonisten der Geschichten – und damit für die Kinder –, unter Beweis zu stellen, dass sie in der Lage sind, verschiedene Werkzeuge richtig und adäquat zu gebrauchen. Dabei werden Werkzeuge vorgestellt, die sowohl für die verschiedenen Konstruktionsaufgaben, Versuche und darüber hinausgehenden Arbeiten als auch für eine sinnvolle Kinderwerkstatt empfehlenswert sind.

Im Anschluss an jede Geschichte gibt es dann ein diese Geschichte zusammenfassendes Lied und eine bewusst offen gestaltete technische Aktivität, die sowohl zur Geschichte selbst als auch zum jeweiligen Handlungsfeld passt.

Klar dürfte aus dem bisher Gesagten jedoch werden, dass mittels lediglich einer praktischen Aktivität das entsprechende Handlungsfeld nicht annäherungsweise inhaltlich abgedeckt werden kann. Deshalb soll nun im Folgenden ein Ausblick gegeben werden, welche spezifischen technikrelevanten Kompetenzen innerhalb dieser sechs Handlungsfelder vermittelt werden können. Auch wird das didaktische Prinzip der Handlungsorientierung beziehungsweise des handlungsorientierten Lernens erläutert, da es sich von seiner Struktur als für die Technikdidaktik besonders geeignet anbietet.

Vorweg jedoch werden im nächsten Teilkapitel stichwortartig zusätzliche Anregungen und Themengebiete für praktische Aktivitäten, die im Rahmen einer frühen technischen Bildung möglich erscheinen, formuliert. Wichtig sind uns an dieser Stelle sowohl der Hinweis, dass sich die nur beispielhaft aufgezählten Praxisvorschläge problemlos im Hinblick auf ältere Kinder verändern bzw. erweitern lassen, als auch der Umstand, dass sich diese sechs technischen Handlungsfelder inhaltlich nicht vollständig voneinander abgrenzen lassen, was in der Natur der Sache liegt.

Ideen zur Umsetzung

Die sechs Handlungs- und Problemfelder der Technikdidaktik lassen sich im Folgenden als Suchraster für die Zuordnung und Gewinnung konkreter technischer Themen verwenden. Ein weiterer wesentlicher Vorteil dieser Felder besteht darin, dass diese relativ zeitunabhängige Lernfelder darstellen, die jeweils die aktuellen technischen Themen systematisieren helfen.

Bauen und Wohnen

Das Handlungsfeld »Bauen und Wohnen« bezieht sich sowohl auf Themen aus der reinen Bautechnik, also auf Bauwerkskonstruktionen des Hoch- und Tiefbaus (z. B. Brücken, Türme, Wohnhäuser, Wohnungen, Straßen) als auch auf deren zweckentsprechende Nutzungen und die damit verbundenen Konsequenzen (z. B. für die Landschaft, für das Klima, für die Gesundheit).

- freies Bauen mit Bauelementen (Standsicherheit und Gleichgewicht)
- Exkursion auf eine Baustelle
- Technik auf einer Baustelle wie etwa Betonmischer, Bagger, Kräne oder Rüttelmaschinen
- Einrichten einer Kinderbaustelle, beispielsweise zum Betonieren, Mauern, für »Zimmermannsarbeiten«
- freies Bauen mit Papier (Stabilität durch Materialumformung: Profilbildung)
- Wie bauen und wohnen Tiere, z. B. Bienen, Vögel, Ameisen?
- Gruppenraum, Klassenzimmer oder Kinderzimmer als Modell nachbauen
- eine Stadt als Modell bauen
- Brückenkonstruktionen
- Turmkonstruktionen
- Wasserleitungen legen
- Funktionsweise einer Toilettenspülung

- Architekturgeschichte
- Häuserarten vergleichen (z. B. Holzhaus, gemauertes Haus, Hochhaus, Flachdachhaus, Fachwerkhaus, Scheune)
- Grundrisse lesen und maßstabsgetreu auf Millimeterpapier einzeichnen
- Wie wohnen die Menschen auf dieser Welt? Wie wohnen wir im nächsten Jahrhundert?
- Bautechnik/Energietechnik
- Landschaftsverbrauch
- ✎✎✎

Transport und Verkehr

Das Handlungsfeld »Transport und Verkehr« thematisiert alle sachtechnischen und organisatorischen Maßnahmen, die bewirken, dass Menschen oder Güter auf dem Lande, in der Luft, zu Wasser oder im Weltraum transportiert werden. Natürlich gehören auch alle Themen, die als Konsequenz unseres Verkehrs- und Transportwesens zu betrachten sind, zu diesem Handlungsfeld (z. B. Staubildung auf den Straßen oder die Belastungen, die sich aufgrund der zunehmend geforderten beruflichen Mobilität ergeben).

- Verkehrsschilder und ihre Bedeutung
- einen Fahrradparcours im Außengelände mit Verkehrsschildern gestalten und benutzen
- Sicherheitsdefizite (Reflektoren, Klingel, Lichtanlage, Bremsen, Fahrradhelm) an Fahrrädern untersuchen und beheben
- vom Rad zum Fahrrad
- Durchführung einer Verkehrszählung mit statistischer Auswertung
- Erstellung eine Radwegekonzeptes
- Kraftübertragungsmöglichkeiten suchen und nachbauen (Kettenübertragung auf Zahnrädern, Keilriemenantrieb, Kupplung, Zahnradgetriebe usw.)
- Flaschenzug
- Förderung von Lasten mit dem Seil, Konstruktion von Seilwinden
- Seilbahn
- Heißluftballon
- Propellerspielzeuge
- Drachenbau
- verschiedene Fahrzeugmodelle: z. B. Katapultauto, Auto mit Gummiantrieb, Segelauto
- Modelle von Fahrzeugen herstellen
- Fahrzeuge mit Lenkung
- Maschinentechnik/Verbrennungsmotor
- Flugzeuge entwerfen und bauen
- Papierfliegermodellbau
- Transportwege: Schiene/Luft/Straßen/Wasser mit verschiedenen Fahrzeugen, Flugzeugen, Booten und Schiffen
- Bau eine Katamarans
- Reisen früher und heute
- Autorecycling
- …

Produkt und Produktion

Dieses Handlungsfeld entspricht am ehesten der gängigen Erwartungshaltung gegenüber dem Unterrichtsfach Technik. Es fokussiert einerseits das Thema der Erwerbsarbeit und der industriellen Produktion, andererseits aber auch der Einzelfertigung in Form von Eigenarbeit. Persönliche Neigungen und Vorlieben für praktische Betätigungen können auf diese Weise ebenso entdeckt werden, wie die Kinder erste Einblicke in das Berufsleben gewinnen können.

- Werkzeugführerschein (richtige Benennung, Handhabung und Verwendung der wichtigsten Werkzeuge, Arbeitsmittel und Maschinen, wie z. B. Hammer, Vorstecher, Feile, Schraubstock, Schraubzwinge, Schraubendreher, Raspel, Säge, Zange, Schere, manuelle Bohrmaschine, Leim)
- Arbeitssicherheit
- Textiltechnik: Unterschied Einzelfertigung/Serienfertigung (vom Schaf zum Strickpulli – von der Baumwolle zum T-Shirt)
- Verarbeitung von textilen Materialien, z. B. Badetasche, Schürze
- von der Rohbaumwolle zum Garn
- Herstellung einer Kordel
- Produktion von Seife inklusive der Verpackung
- Produktion von Papier
- Fertigungsverfahren (Einzel-, Serien- und Massenfertigung: z. B. Backen zu Hause, in der Bäckerei, in der voll automatisierten Brotfabrik)
- Kinderarbeit früher/Kinder heute mit Schulbildung und Freizeitgestaltung
- Bau eines Spielzeugautos/eines Vogelnistkastens in simulierter Fließbandarbeit im Unterschied zur Einzelarbeit
- Konservierungsverfahren bei Lebensmitteln
- Herstellung eines Holzproduktes: z. B. Vogelhäuschen, Werkzugkoffer, Soma-Würfel, Teelichthalter, Buchstütze
- Herstellung eines Gefäßes aus Ton
- verschiedene Funktionselemente kennenlernen: z. B. Kurbel, Hebel, Lager, Welle, Achse, Zahnrad oder ein einfaches Getriebe
- Berufe und Arbeitsstätten
- Arbeit und ihre Bedeutung für die Menschen (Schularbeit, Hausarbeit, Erwerbsarbeit, ungelernte Hilfsarbeit, Arbeitslosigkeit)
- technische Veränderungen/Entwicklungen im Vergleich früher und heute (und in der Zukunft) und ihre Auswirkungen auf Mensch und Umwelt (z. B. Backen früher und heute, Hausbau früher und heute, Automobilherstellung manuell, Automobilherstellung mit Montagerobotern, Feuerlöschen früher, moderne Feuerwehrautos heute, Melken früher, Melkmaschinen heute, Ernten in früheren Zeiten, moderne Mähdrescher heute)
- Analyse der Funktionsweise verschiedener Elektrogeräte, wie z. B. Fön, Bügeleisen, Bohrmaschine
- Demontage und anschließende Montage einer Luftpumpe
- …

Versorgung und Entsorgung

Seit es Menschen gibt, sind wir darauf bedacht, unsere Versorgung mit Lebensmitteln, Trinkwasser und Kleidung ebenso sicherzustellen wie die Versorgung mit Energie, Wärme und den Schutz vor schädlichen Natureinflüssen. Das Handlungsfeld »Versorgung« greift diese Grundbedürfnisse auf, während »Entsorgung« die Beseitigung und Wiederverwertung unserer Abfälle und weiterer Nebenprodukte thematisiert.

- Modell einer Hauselektrik des Lichtes
- Wasserversorgung in Wohnungen/Häusern oder in einer ganzen Stadt
- Exkursion in ein Wasserwerk
- Exkursion in ein Wasserkraftwerk
- Bau eines Wasserkraftwerks
- Thema Müll: Mülltrennung/Müllumwandlung/Recycling/Müllabfuhr bzw. Müllautos
- Papierrecycling
- Kläranlage, sehr stark verschmutztes Wasser reinigen (z. B. sieben, filtrieren, pH-Wert überprüfen)
- vom Korn zum Brot
- Modell einer Hauselektrik des Lichtes
- von der Kerze zur Energiesparlampe, Geschichte der Beleuchtungstechnik (Kienspan/Öllampe/Kerze/Gaslaterne usw. bis hin zur Elektrizität)
- unsere Waren (Bananen/Orangen)
- Geschichte der Energietechnik (vom offenen Feuer zur Kernenergie)
- regenerierbare (erneuerbare) und nicht regenerierbare Energiequellen
- Bau von Wasserrädern, Windrädern
- Bau eines Stromgenerators
- …

Information und Kommunikation

Im 21. Jahrhundert ist die Menschheit nunmehr endgültig in der Informationsgesellschaft angekommen. Der Austausch von Informationen ist längst nicht mehr auf die Kommunikation von Mensch zu Mensch beschränkt. Informationen werden ebenso zwischen Mensch und Maschine oder ausschließlich zwischen Maschinen ausgetauscht. Das Handlungsfeld »Information und Kommunikation« hat die technischen Realisierungsmöglichkeiten im geschichtlichen Wandel ebenso zum Gegenstand wie die kritische Reflexion derselben (z. B. das Thema »Informationsüberflutung«).

- Dosentelefon
- Morseapparat und Morsealphabet
- Schnurtelefon
- Bau einer Telefonanlage

- duales Zahlensystem
- Demontage und Funktionsweise eines alten Telefons
- von Signallauten (z. B. Almjodler/Buschtrommeln) über die Postkutsche/Brieftaube bis hin zur E-Mail-Nachricht
- Was ist Information? (am Beispiel Ampel/Schule/Lexikon/ Computer/Radio)
- vom Sender zum Empfänger
- Blindenschrift
- Flaggen-/Fluglotsenzeichen
- Zeichensprache
- Kryptologie
- eigene Geheimschriften entwickeln und spielerisch anwenden (A mit B vertauschen, B mit C, C mit D und Z mit A oder Ähnliches)
- Demontage eine defekten Computers
- Funktionsweise eines Computers
- …

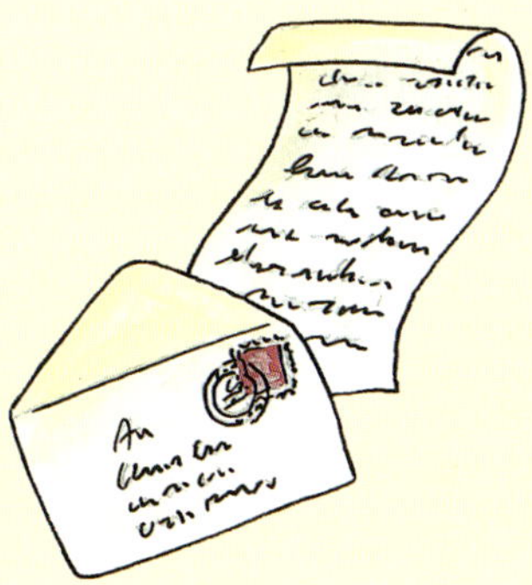

Haushalt und Freizeit

Schließlich thematisiert das Handlungsfeld »Haushalt und Freizeit« all jene privaten Situationen, in denen wir mit Technik in Berührung kommen. Der thematische Horizont reicht vom Benutzen einer Waschmaschine über die Instandhaltung eines Fahrrads oder eines Skateboards bis hin zum Kauf einer Stereoanlage.

- Waschtag früher, Waschmaschine heute und selbstreinigende Textilien als Zukunftsvision
- Robotik im Haushalt und in der Freizeit (Maschinentechnik)
- Spielen im Freien/Gesellschaftsspiele/Computerspiele
- Demontage und Funktionsweise verschiedener technischer Haushaltsgeräte wie z. B. Haarfön, Bohrmaschine, Rührgerät, Fotoapparat, Salatschleuder, Staubsauger oder Waage
- Spielgeräte auf Kinderspielplätzen wie Wippe, Schaukel, Karussell oder Drehscheibe
- Bau von Spielgeräten und Spielzeug, z. B. das Geschicklichkeitsspiel »Der heiße Draht«
- Textiles Gestalten
- Medienkonsum
- Thema Werbung
- Mobilität in der Freizeit
- Urlaub früher/Urlaub heute
- …

Was bedeutet Handeln?

Bei der exemplarischen Auswahl der Inhalte verfolgten wir den Weg, diese anhand von konkreten Lebens- und Handlungssituationen, in denen technische Kompetenzen gebraucht werden, darzustellen. Wir sprachen deshalb von Handlungsfeldern. Ganz selbstverständlich gingen wir davon aus, dass innerhalb technischer Aufgabenstellungen praktisch gehandelt werden muss. Dies ist auch einleuchtend, denn Technik, die nur auf dem Papier stattfinden würde, wäre unvollständig. Daher ist es lohnenswert, sich im Kontext einer Didaktik der Technik mit dem Thema des Handelns etwas genauer auseinanderzusetzen.

Unter Handeln verstehen wir dabei zunächst, dass wir Ziele verfolgen, die es gilt, in die Tat umzusetzen. Doch was bedeutet es genau, wenn wir handeln?

Der Begriff des Handelns besitzt innerhalb der didaktischen Theoriebildung eine sehr zentrale Bedeutung. Das Prinzip der Handlungsorientierung und des handlungsorientierten Lernens wird als aktuelle Unterrichtsmethode favorisiert.

Der Gedanke, der dahintersteht, ist einfach: Wenn wir uns wünschen, dass die Kinder technisch handlungsfähig werden, so müssen wir diese in technischen Situationen handeln lassen. Eine ausschließlich verbale Unterweisung würde diesem Ziel nicht gerecht werden.

Wenn wir handeln, reagieren wir nicht lediglich auf äußere Reize oder Instruktionen, sondern entwickeln eigenständig Pläne, Wünsche und Absichten. Diese gilt es dann praktisch, also tätigkeitsorientiert, zu realisieren, eben in die Tat umzusetzen.

Nach Wilhelm H. Peterßen spricht man in pädagogischen und didaktischen Zusammenhängen dann von Handeln, wenn darunter menschliche Tätigkeiten verstanden werden, »die zumindest folgende vier Merkmale aufweisen:

- Sie sind *zielgerichtet*, d. h. alles Tun richtet sich von Anfang an auf ein vorher entschiedenes bzw. zu entscheidendes Ziel.
- Sie sind *geplant*, d. h. allem äußeren Tun geht ein maßgeblicher Gedankengang voraus, eine gedankliche Vorwegnahme der Handlung, bei der ein Plan der für erforderlich und möglich gehaltenen Handlung – ein Handlungsschema – entworfen wird.
- Sie sind *selbstständiger Art*, d. h. Handlungsplan und -durchführung liegen weitestgehend, ja möglichst völlig in den Händen und in der Verantwortung der Handelnden.
- Sie sind *vollständig*, d. h. sie umfassen die *Planung*, die *Durchführung* und die *Kontrolle* der Handlung; keineswegs kann schon von Handlung gesprochen werden, wenn auf Anweisungen von außen bloß die Durchführung eigenständig vorgenommen wird.« (Peterßen, W. H. 1999: kleines Methoden-Lexikon. München: Oldenbourg.)

Zu Recht weist Peterßen darauf hin, dass die Forderung nach Selbstständigkeit nicht bedeutet, dass ein Kind alle Handlungen *alleine* auszuführen hat, sondern vielmehr, dass jedes Kind beim Planungsprozess, beim Ausführungsprozess und beim schlussendlichen Kontroll- und Bewertungsprozess einer Handlung in (mit)entscheidender Funktion beteiligt ist.

Aus technikdidaktischer Sicht wäre hier noch zu ergänzen, dass sich bei aller berechtigten Forderung nach Selbsttätigkeit – wer selbsttätiges Handeln als Ziel formuliert, muss auch Selbsttätigkeit zulassen (!) – die Lehr-Lern-Arrangements gleichwohl im Spannungsfeld von freiem Arbeiten (Eigenaktivität) und Instruktion (Anleiten) bewegen sollten. Natürlich besitzt der den Handlungsprozess begleitende Pädagoge gegenüber den Kindern einen immensen Wissens- und Erfahrungsvorsprung. Diesen Wissens- und Erfahrungsvorsprung muss er auch besitzen, und es wäre unsinnig, wenn die Kinder diesen nicht in Anspruch nehmen könnten. Dies darf/muss durchaus gelegentlich auch beispielsweise in Form einer Anweisung, einer Auskunft, einer Belehrung, einer praktischen Hilfestellung, eines einfachen Vormachens/Nachmachens, einer Beratung erfolgen. Geht es um Sicherheitsaspekte, wäre alles andere sträflich. Wichtig dabei ist es, dass die eigenständige Handlungsfähigkeit der Kinder im Blick bleibt, denn dies ist das Ziel, aber nicht bereits der Ausgangspunkt.

Technische Kompetenzbereiche

Der Kompetenzbegriff hat in der aktuellen didaktischen Diskussion weitgehend den Begriff der Lernziele abgelöst. Er wird immer dann zurate gezogen, wenn es darum geht, in einem bestimmten Bereich oder auf einem Gebiet mittels erworbener und gelernter Fähigkeiten und Fertigkeiten aktiv Probleme zu lösen. Da es nun beim technischen Handeln genau darum geht, Aufgaben- und vor allem Problemstellungen zielgerichtet, geplant, selbstständig und vollständig mittels erworbener und gelernter Fähigkeiten und Fertigkeiten zu bewerkstelligen, ist es nur konsequent, wenn wir unser Anliegen einer eigenständigen Handlungsfähigkeit auf den Bereich der Technik übertragen. Hier gelangen wir zu insgesamt vier Kompetenzbereichen, die hierfür zentral erscheinen.

1. Technische Sachkompetenz

Kinder verfügen dann über eine technische Sachkompetenz, wenn sie wichtige technische Verfahrens- und Handlungsweisen anwenden können. Hierzu zählen beispielsweise:

- das sachgerechte Anwenden von Werkzeugen und Vorrichtungen
- das sachgerechte Verwenden von Materialien
- die sachgerechte Entsorgung von Abfallmaterialien
- das Entwickeln, Planen, Konstruieren, Montieren, Demontieren, Verbessern, Untersuchen und Experimentieren, Herstellen, Bedienen und Verwenden, das zeichnerische und sprachliche Entwerfen und Darstellen, Pflegen und Reparieren.

2. Technische Strukturkompetenz

Kinder verfügen dann über eine technische Strukturkompetenz, wenn sie wichtige technische Sachverhalte in ihrer Theorie kennen, verstehen und erklären können und diese in das inhaltliche Strukturmodell (Bauen und Wohnen, Transport und Verkehr, Produkt und Produktion, Versorgung und Entsorgung, Information und Kommunikation, Haushalt und Freizeit) als eine Voraussetzung für das Verständnis einer sich wandelnden Welt einordnen können.

In folgende Fachdisziplinen sollten Kinder im Rahmen einer kontinuierlich angelegten, die gesamte Bildungsvita umfassenden Förderung der technischen Handlungsfähigkeit elementare theoretische Einblicke gewinnen:

- Textiltechnik
- Maschinen- und Energietechnik

- Informationstechnik
- Bautechnik
- Energietechnik
- Elektronik
- Produktionstechnik, Produktplanung und Produktgestaltung
- Elektrotechnik
- Holztechnik
- …

3. Technische Ich-Kompetenz

Kinder verfügen dann über eine technische Ich-Kompetenz, wenn sie auf der Basis ihres erworbenen Wissens, Könnens und Verstehens ein Bewusstsein davon entwickelt haben, in welchem Ausmaß ihr Leben reaktiv durch die Technik beeinflusst wird und wie sie es selbstbestimmt und aktiv handelnd mit technischen Mitteln beeinflussen können.

Dies beinhaltet auch ein Bewusstsein davon, mit welchen Methoden und Strategien ein Kind sich gegebenenfalls das nötige Wissen und Können zur Lösung eines technischen Problems selbstständig aneignet. Die technische Ich-Kompetenz umfasst also die Fähigkeit zur Anwendung bestimmter Lern- und Arbeitsmethoden, was innerhalb der Didaktik in aller Regel als Methodenkompetenz bezeichnet wird. Zu dieser Methodenkompetenz gehört zwingend die Fähigkeit zur Kooperation und Kommunikation, da sich viele technische Probleme nur in Form von Teamarbeit gut lösen lassen.

Parallel zur Ausbildung dieser technischen Ich-Kompetenz bahnen sich erste metakognitive Fähigkeiten an. Bei dieser sehr viel grundsätzlicheren lernmethodischen Fähigkeit geht es darum, dass die Kinder ein Gespür für sich selbst entwickeln, mit welchen ganz individuellen Lern- und Lösungswegen ein Problem oder eine Herausforderung angegangen wird.

4. Technische Beurteilungskompetenz

Kinder verfügen dann über eine technische Beurteilungskompetenz, wenn sie hinreichend oft selbst entdeckt und erfahren haben, dass technisches Handeln ein Handeln im Zielkonflikt darstellt. Technische Entscheidungen bergen meist Vor- und Nachteile in sich, denn Technik wird nicht ausschließlich von rein naturwissenschaftlichen Sachzusammenhängen her bestimmt, sondern sie ist das Ergebnis menschlicher Entscheidungsprozesse, innerhalb derer möglicherweise alternative Lösungsmöglichkeiten gegeneinander abgewogen werden müssen. Hier geht es deshalb auch nicht um »richtig oder falsch«, sondern vielmehr um »gut oder schlecht«, und es gilt nicht selten, die Vorteile einer technischen Entwicklung (z. B. Mobilität) und ihre nicht erwünschten Auswirkungen (z. B. Landschaftsverbrauch) gegeneinander abzuschätzen.

Technik ist ebenso eng mit unseren Werten, Moralvorstellungen und Normen verbunden wie mit Fragen der Wirtschaftlichkeit oder der persönlichen Lebensgestaltung. Dies gilt es zu reflektieren.

Wir möchten an dieser Stelle nochmals erwähnen, dass sich das hier vorgestellte kompetenzorientierte Modell einer frühen technischen Bildung in der Tradition des sogenannten mehrperspektivischen Ansatzes der Technikdidaktik sieht. Dieser Ansatz ist im Gegensatz zu dem von uns vorgestellten kompetenzorientierten Konzept indessen lernzielorientiert und

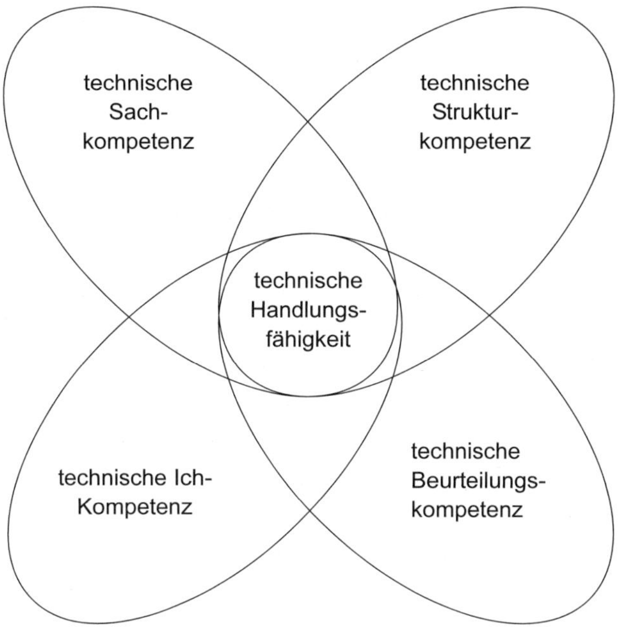

Abb. 1: Technische Handlungsfähigkeit ergibt sich aus dem Zusammenspiel verschiedener Kompetenzen.

thematisiert als eine wesentliche Zielperspektive einer technischen Bildung die vorberufliche Orientierung.

Ganz bewusst haben wir diesen Aspekt der Berufsorientierung nicht mit aufgenommen, denn es erscheint uns wenig sinnvoll, bereits im Kindergarten- und Grundschulalter gezielt und geplant an das spätere Berufsleben denken zu müssen. Ganz und gar nicht unsinnig ist jedoch der Umstand, dass Neigungen, Interessen und Vorlieben natürlich bereits im frühen Alter entdeckt werden können, die dann eine spätere Berufswahl beeinflussen.

Methodische Hinweise

In der Pädagogik versteht man unter einer Methode in aller Regel eine Strategie zur Steuerung und Anregung von Lernprozessen.

Aus dem bisher dargestellten Verständnis dürfte deutlich geworden sein, dass eine frühe technische Bildung nicht mittels eines einfachen Bastelunterrichts erzielt werden kann. Auch wird es wohl aufgrund der Vielschichtigkeit und der »Mehrdimensionalität« des Technikbegriffs keine solitäre Methode für sich alleine geben, mittels der dem oben dargestellten Anspruch an eine technische Bildung Rechnung getragen werden könnte. Hier ist Methodenpluralismus angesagt, wobei nach unserer Auffassung darauf zu achten wäre, dass innerhalb des Methodenrahmens das Prinzip der Handlungs- und Problemorientierung gewahrt wird.

Wir sind der Meinung, dass sich die lernpsychologische Ausrichtung der Lehr-Lern-Arrangements im Spannungsfeld von Instruktion (Anleitung) und freiem Arbeiten (Eigenaktivität) bewegen sollte. Das bedeutet, dass wir den Kindern in Form von strukturierten Lernumgebungen unser Expertenwissen zur Verfügung stellen und ihnen dabei größtmöglichen Freiraum für das freie Entdecken und Forschen gewähren sollten.

Dabei sind wir uns bewusst, dass es eines hohen Maßes an Professionalität bedarf, dieses Spannungsgefüge in einer ausgewogenen, dynamischen Balance zu halten.

Schlägt das Pendel zu stark in Richtung eines völlig freien Arbeitens, so ist die Gefahr groß, dass das praktische Tun im schlimmsten Fall im Chaos endet. Im besten Fall kann daraus eine Bastelaktion entstehen, eine frühe technische Bildung indessen nicht.

Schlägt das Pendel indessen zu stark in Richtung (lehrerzentrierter) Instruktion, so ist die Gefahr groß, dass wir unsere Kinder der Freude und des Interesses an der Technik berauben.

Es gilt, beide Extreme zu vermeiden, wenn wir das Ziel der technischen Handlungsfähigkeit unserer Kinder verfolgen.

Sowohl die allgemeine Didaktik als auch die Technikdidaktik besitzen ein breites Sammelsurium an bewährten Methoden, von denen wir an dieser Stelle stichwortartig diejenigen kurz auflisten möchten, die uns für das Ziel, mit Kindern Technik zu entdecken, gut geeignet erscheinen:

- Projektmethode
- Freispiel
- Werkaufgabe
- Konstruktionsaufgabe/Fertigungsaufgabe
- technisches Experiment
- Instandhaltungs-/Reparaturaufgabe
- Recyclingaufgabe
- Lehrgang
- technische Analyse (z. B. Produktanalyse, Demontageanalyse, Bildanalyse)
- Produktanalyse/Warentest
- Fallaufgabe
- Planspiel
- Erkundung technikhistorischer Entwicklungen
- Erkundung technischer Realität (z. B. Betriebserkundung, Exkursionen)

In »Mit Kindern Technik entdecken – das Praxisbuch« finden Sie eine ausführliche Darstellung dieser Methoden und von deren Einsatzmöglichkeiten.

An dieser Stelle sei uns ein weiterer uns wichtig erscheinender methodischer Hinweis erlaubt: Um mit Kindern technisch zu arbeiten, benötigt man – und dies ganz unabhängig von der je gewählten Methode – vor allem Zeit und ebenso einen in hohem Maße die Kinder integrierenden (Unterricht-)Stil. Kinder sind beim praktischen Tun, beim Tüfteln und Erfinden, Ausprobieren, Erforschen, Problemlösen und Entdecken in aller Regel deutlich langsamer, als wir Erwachsenen dies meist erwarten.

Nicht selten unterliegen Pädagogen dabei der Versuchung, den Arbeitsprozess durch zu frühe Hilfestellungen und korrektes Intervenieren bei offensichtlich eingeschlagenen Irrwegen zu beschleunigen. Diese Beschleunigungstendenz lässt sich auch in Bezug auf die Fragen der Kinder beobachten. Auch hier greift nicht selten die gleiche Berufskrankheit um sich. Wir Pädagogen nutzen die Fragen der Kinder oft nicht, um gemeinsam mit ihnen nach Lösungen zu suchen, sondern liefern allzu schnell die korrekten Antworten.

Auch wenn sich solche Maßnahmen im Alltag gewiss nicht immer vermeiden lassen, sollte uns jedoch bewusst sein, dass wir die Kinder, verfahren wir allzu oft in diesem Stil, in ihrem Forscherdrang ausbremsen und sie letztlich eines nachhaltigen Lernprozesses berauben.

Der Gender-Aspekt innerhalb der Technik

Ein Buch über die frühe technische Bildung zu schreiben, ohne dabei die der Technik innewohnende Gender-Problematik anzusprechen – wer wollte bestreiten, dass die Welt der Technik bisher eher eine Männerdomäne war –, wäre unvollständig.

Beim Begriff »Gender« handelt es sich um einen aus dem Englischen übernommenen Begriff, der nun gerade nicht das biologische Geschlecht bezeichnet (diesen nennt man im Englischen *sex*), sondern vielmehr die jeweils vorherrschenden sozialen und kulturellen Deutungen, die uns zu Männern und Frauen machen. Diese Deutungen werden – im Gegensatz zum biologischen Geschlecht – gelernt, und wir müssen uns deshalb einerseits Gedanken machen, welchen Zuschreibungen wir hier permanent unterliegen, und andererseits, ob wir dies alles so möchten.

Gender-Zuschreibungen – es sind letztlich soziokulturelle Konstruktionen – kennen wir alle, ob bewusst oder unbewusst, und sie beginnen für viele Menschen bereits beim ersten Atemzug ihres Daseins: Die Babykleidung für die Jungen ist oft hellblau, die der Mädchen rosarot.

Solche im Grunde völlig willkürlichen äußerlichen Unterscheidungsmerkmale manifestieren sich in uns zunehmend und bestimmen unser Leben öfter, als wir zuzugeben bereit sind. Ein einfaches Beispiel kann dies verdeutlichen: Ein Mann wäre wahrscheinlich bei einem Geburtstagsgeschenk, sagen wir, einer Nähmaschine ebenso befremdet, wie eine Frau, die eine nagelneue Schlagbohrmaschine geschenkt bekäme. Höchstwahrscheinlich kämen wir darüber ins Grübeln, was die Leute sich über uns beziehungsweise über unser Mannsein (Softie, Weichei) und unser Frausein (»Die hat wohl die Hosen an!«) gedacht haben.

Doch wenden wir zunächst unseren Blick etwas in die pädagogische Vergangenheit, denn hier liegen – zumindest, was das Fach Technik angeht – wesentliche Ursachen für diese heutzutage völlig überholten Gender-Zuschreibungen.

Vor etwa 200 Jahren schrieb der deutsche Verleger, Sprachforscher und Pädagoge Joachim Heinrich Campe (1746–1818) in seinem »Väterlichen Rath für meine Tochter«, den er der »erwachsenen weiblichen Jugend« gewidmet hat, folgende Zeilen:

> *»Gott selbst hat gewollt, und die ganze Verfassung der menschlichen Gesellschaften auf Erden, so weit wir sie kennen, ist darnach zugeschnitten, daß nicht das Weib, sondern der Mann das Haupt sein sollte. Dazu gab der Schöpfer dem Manne die stärkere Muskelkraft, die straffern Nerven, dazu den größern Muth, den kühnern Unternehmungsgeist und mehr umfassenden Verstand.«*
>
> Und an anderer Stelle:
> *»Dazu ward die Lebensart der beiden Geschlechter dergestalt eingerichtet, daß das Weib schwach, klein, zart, empfindlich, furchtsam, kleingeistig – der Mann hingegen stark, fest, kühn, ausdauernd, groß, hehr und kraftvoll an Leib und Seele würde.«*

Völlig zu Recht können wir dieser »Gender-Deutung« aus heutiger Sicht allenfalls ein müdes Lächeln abgewinnen, ist sie doch an inhaltlicher Unsinnigkeit nicht mehr zu überbieten. Nichtsdestotrotz müssen wir uns bewusst machen, dass diese Auffassung zur damaligen Zeit – es war die Zeit der beginnenden industriellen Revolution – durchaus die gängige war. Die industrielle Revolution selbst lässt sich einerseits gesellschafts- und sozialpolitisch extrem negativ beschreiben, und zwar als eine Epoche größter sozialer Missstände und des Massenelends. Andererseits lassen sich dieser Epoche aber auch durchaus positive Seiten abgewinnen, denn es handelt sich um einen Zeitraum größter technischer Entwicklungen und Erfindungen.

Vergegenwärtigen wir uns an dieser Stelle nochmals das damals vorherrschende und weitgehend unhinterfragte Geschlechterbild von Campe, so liefert uns diese Sicht eine erste Erklärung dafür, warum Mädchen- und Frauennamen innerhalb der Geschichte der Technik wesentlich seltener auftauchen als männliche. Mädchen und Frauen hatten schlicht keinen Zugang zur Technik – er wurde ihnen von männlicher Seite verwehrt.

Doch auch im 21. Jahrhundert ist es noch immer so, dass Frauen weniger Chancen erhalten als Männer, technikspezifische Fähigkeiten und Fertigkeiten in der Kindheit auszubilden, auch wenn sich heute zum Glück der gerade aufgezeigte Erklärungsansatz für dieses Phänomen nicht mehr anbietet.

In unseren Tagen sind es, zumindest zu einem gewissen Anteil, die Frauen selbst, die für diesen Umstand sorgen. Es ist zu Beginn des 21. Jahrhunderts nahezu ausnahmslos – zumindest in Deutschland – ihre Domäne, sich um die frühkindliche und kindliche Bildung zu kümmern, und hier, so muss man feststellen, spielt die frühe technische Bildung eine eher untergeordnete Rolle.

Natürlich ist es wahrscheinlich, dass der Mädchen und Frauen jahrhundertelang verwehrte Zugang zu technischen Bildungsinhalten diesbezüglich eine gewisse Langzeitwirkung entfaltet hat. Ebenso ist es wahrscheinlich, dass dieser Umstand bewirkte, dass technische Bildungsinhalte eine typisch männliche Handschrift tragen, die Frauen wiederum abschreckt, sich damit zu beschäftigen.

Nicht zuletzt ist es so, dass das grundsätzliche Interesse an und der Zugang zur Technik ebenso wenig geschlechtneutral ist wie das Lernen generell. Hier gibt es gewiss Mechanismen, die über die reine Gender-Betrachtung hinausgehen. Es ist deshalb wohl auch zu einfach gedacht, wenn wir behaupten würden, Kinder würden mit ihren Interessen an und ihren Neigungen für Technik (ausschließlich) durch Erziehungsprozesse und gesellschaftliche Erwartungshaltungen gegängelt.

Deshalb ist es wohl eher müßig, die Frage beantworten zu wollen, warum die meisten Jungen in der Spielecke eher zum Bagger und die meisten Mädchen eher zum Puppenwagen greifen. Viel interessanter, konstruktiver und letztlich zielführender ist es, eine Technikdidaktik zu entwerfen, die – um im Bild zu bleiben – technische Aspekte sowohl beim Bagger als auch beim Puppenwagen zum Gegenstand macht. Das hat zum Vorteil, dass sowohl Jungen als auch Mädchen mit »beiden« technischen Produktwelten in Berührung kommen und jedes Kind seinen individuellen, persönlichen, von falschen Zuschreibungen und Erwartungshaltungen unabhängigen Zugang zur Technik finden kann. Vielleicht findet ja ein bestimmtes Mädchen den Bagger und ein bestimmter Junge den Puppenwagen attraktiver.

Auch aus bildungstheoretischer Sicht wäre dies der einzig stimmige Weg, denn – um noch ein letztes Mal ein Klischee zu bedienen – eine technisch gebildete, mündige Frau sollte genauso gut eine Handkreissäge bedienen können wie der ebenso mündige und gebildete Mann eine Waschmaschine. Dies zu erlernen sollten wir Jungen und Mädchen gleichermaßen zumuten und mit dem Ziel verbinden, dass sie sich von diesen überholten geschlechtsbezogenen Rollenstereotypen und den dadurch produzierten Abhängigkeiten emanzipieren.

Solch eine gendersensible Didaktik würde deshalb nicht nur den Mädchen zugutekommen, sondern auch ganz wesentlich den Jungen. Und hierfür gibt es noch einen weiteren Grund. Denn heute sind es längst nicht mehr die Mädchen, die Gefahr laufen, zu den Bildungsverlierern zu gehören, wie es noch Mitte des letzten Jahrhunderts der Fall war. Heute sind es die Jungen, die uns zunehmend Sorgen bereiten.

Jungen besitzen bereits im Kindergarten im Vergleich zu Mädchen andere Sozialisationsmuster, die nicht selten von einer geringeren Verbalisierungshäufigkeit begleitet werden. Da nun der Gesamtbereich der Technik zunächst gewiss eine Jungendomäne darstellt, verspricht dieser gerade für sie ganz besondere motivationale Aspekte, die die bisherige »Feminisierung der frühen Pädagogik« wenig bedient hat. Hier bestehen immense Möglichkeiten, die Jungen positiv anzusprechen und in ihrem Selbstkonzept zu stärken. Ebenso ist es möglich, die kommunikative Interaktionsbreite und -dichte – gerade bei den Jungen – über technische Aktivitäten zu erhöhen und die sprachliche Förderung inhaltlich an diese anzubinden.

Nicht zuletzt mittels unseres besonderen pädagogisch ganzheitlichen Zugangs, der über die Auseinandersetzung mit fantasievollen Geschichten und Liedern vollzogen wird, erhoffen wir uns, sowohl Jungen als auch Mädchen gleichermaßen anzusprechen. Diese Hoffnung ist verbunden mit dem Ziel, unsere Kinder frei von willkürlich gesetzten Rollenerwartungen für die Welt der Technik zu begeistern.

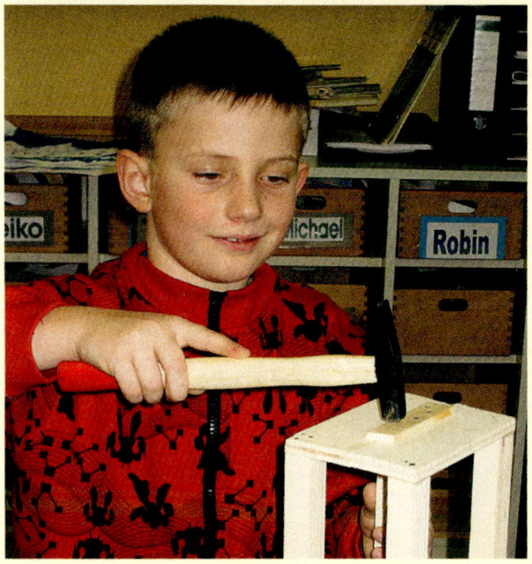
Robin

Über den Umgang mit dem Buch

Ganz besonders wichtig erscheint uns an dieser Stelle der Hinweis darauf, dass die theoretischen Ausführungen dieses Grundlagenteils keinesfalls so verstanden werden sollten, dass die einzelnen Punkte im Sinne einer Checkliste abgearbeitet werden müssen. Auch wäre es wohl völlig unmöglich, bei einer technischen Aufgabe stets alle Kompetenzbereiche der hier vorgestellten technischen Handlungsfähigkeit zu verfolgen oder mehrere Methoden zur Anwendung zu bringen. Dies ist keineswegs unser Ansinnen.

Vielmehr geht es uns darum, den Bildungsgegenstand Technik unverkürzt in seiner gesamten didaktischen Bedeutungsvielfalt darzustellen und ihn dadurch einer beliebigen Verwendung zu verweigern. Im pädagogischen Alltag gilt es natürlich, eine Auswahl zu treffen. Begründet auswählen kann jedoch nur, wer das Angebot kennt.

Natürlich ist es auch völlig legitim, wenn die Kinder gemeinsam mit Ihnen sofort und ohne Umwege an das Entdecken der Technik gehen und dieses Kapitel einfach übersprungen wird. Für den pädagogischen Profi mögen die Ausführungen indessen schon zu Beginn wichtig sein.

Der zweite Teil wendet sich direkt an die Kinder und ist in sechs Abschnitte unterteilt, die sich thematisch innerhalb der vorgestellten technischen Handlungsfelder bewegen. Natürlich lassen sich die etwas längeren Geschichten auch in je zwei oder eventuell sogar drei Geschichten unterteilen. Die Unterteilung geschieht am besten nach dem ersten Block der Forscherfragen oder vor den ersten Aufgabenstellungen.

Die technischen Aufgabenstellungen ergeben sich dann jeweils organisch aus den Geschichten heraus. Sie werden im Rahmen methodisch weitgehend offener Praxisaufgaben exemplarisch vorgestellt. Diese gilt es, selbstständig und vor allem praktisch zu lösen.

Die innerhalb der Geschichten auftauchenden Forscherfragen sollen zu kritischen Reflexionsgesprächen anregen. Wie in allen unseren Büchern wird das ganze Geschehen musikalisch eingefangen, da wir die Musik und das gemeinsame Singen als eine besonders wertvolle Möglichkeit betrachten, sich Bildungsbereiche zu erschließen.

Und nun wünschen wir viel Spaß beim fantasievollen Entdecken der Technik!

Abenteuer auf Technikon – eine Science-Fiction-Geschichte für Kinder

Über die Einsatzmöglichkeiten der »Als-ob«-Geschichten

Auf den folgenden Seiten finden Sie sechs (Vor-)Lesegeschichten, innerhalb derer verschiedene Bau- und Konstruktionsaufträge verbunden mit Forscherfragen auftauchen. Ein Lied am Ende jeder Geschichte fasst die jeweiligen Themen zusammen.

In verschiedenen Technikkursen mit Vorschul- und Grundschulkindern wurden die Geschichten auf »Herz und Nieren« geprüft. Dies erwies sich insofern als immens spannend, da wir die Reaktion der Kinder unmittelbar beobachten konnten. Dabei unterteilten wir jede einzelne Geschichte in der Regel in zwei Abschnitte und lasen jede Woche entsprechend ein Stück weiter. Nicht selten riefen die Kinder zur Begrüßung: »Geschichte lesen, Geschichte lesen ...«.

Woran lag die Begeisterung der Kinder für diese Geschichten im Kontext mit der Welt der Technik und den praktischen Arbeiten? So wurde beispielsweise auch die Werkzeugführerscheinprüfung über die Vorlesegeschichte motiviert. Dabei konnten wir beobachten, dass die Kinder sich selbst über diesen längeren Prozess hinweg mit den beiden Protagonisten Lutz und Leonie identifizierten. »*Wir* müssen diese Prüfung ablegen, damit wir an der Expedition teilnehmen können« schien das unausgesprochene Motto. Entsprechend ging es weiter: »*Wir* bauen jetzt das Robomobil, damit *wir* auf Technikon ein Fahrzeug haben. *Wir* bauen eine Brücke, da *wir* auf der falschen Seite des Tals gelandet sind.«

Natürlich wussten alle Kinder, dass es sich um eine Fantasiegeschichte handelte. Dennoch schien dies dem Grad des Hineinversetzens in die fiktive Welt keinen Abbruch zu tun, und es wurde immer deutlicher, dass die Geschichte die Kinder in eine »Als-ob«-Spielsituation versetzt hatte. In der Entwicklungspsychologie und Spielpädagogik ist der Begriff des »Als-ob«-Spiels ein Fachausdruck und bezeichnet eine Spielform, bei der sich die Spielhandlung nicht in der Wirklichkeit bewegt. Im Spiel wird eine andere, spannende Realität konstruiert, innerhalb derer sich die Spielakteure bewegen. Die Fachwissenschaften sprechen davon, dass im »Als-ob«-Spiel die Akteure, die Handlungen und die Objekte eine Realitätstransformation erfahren. Interessant ist nun dabei, dass für die Kinder die so erschaffene Welt so lange quasi doch »real« ist, wie sie spielen. In diesem Spiel verhalten sich die Kinder eben so, »als ob« sie in der Geschichte selbst handelnd aktiv wären, und können so, geschützt durch die Abspaltung von der Wirklichkeit, komplexe Handlungen – sowohl kognitive als auch physische und soziale – ausprobieren. Und was macht Kindern mehr Spaß, als zu spielen? Schließlich ist es ihre ureigene Methode der Weltaneignung! Längst ist bekannt, dass für Kinder Spielen alles andere als eine Spielerei ist. Vielmehr sind Spielen und Lernen ein optimales Gespann, geht es darum, sich Lerninhalte nachhaltig anzueignen. Insofern erfüllen die Vorlesegeschichten einen doppelten Effekt: Sie wirken als methodischer Lernkatalysator und sie führen die Kinder thematisch zu den sechs technischen Handlungsfeldern.

Der geheimnisvolle Planet

Der Fernseher lief schon seit Tagen fast ununterbrochen. An einem gewöhnlichen Tag hätten Oma Liesel und Opa Willy das ganz sicher nicht erlaubt, aber diesmal war alles anders: Vor wenigen Wochen hatten Astronomen – Forscher, die das Weltall erkunden – einen neuen Planeten entdeckt.

Das kommt ohnehin nur sehr selten vor, doch gerade dieser Planet, den die internationale Weltraumbehörde kurzerhand »Technikon« getauft hatte, war ganz besonders aufregend. Technikon hatte sich auf geheimnisvolle Weise lange Zeit in unserem Sonnensystem versteckt, und kaum ein Wissenschaftler verstand, warum er erst jetzt ausfindig gemacht wurde. Offensichtlich glich Technikon unserer Erde in vielerlei Hinsicht wie ein eineiiger Zwilling dem anderen. Der Planet war ungefähr genauso groß wie die Erde und die durchschnittliche Temperatur war nur wenige Grade kälter. Darüber hinaus besaß Technikon sogar eine Atmosphäre, die es erlauben würde, sich ohne Sauerstoffgeräte dort zu bewegen, und zu allem kam noch hinzu, dass er gar nicht allzu weit von uns entfernt zu sein schien. Mit dem Raumschiff sollte die Reise nicht länger als vier Tage dauern.

Die meisten Menschen konnten diese Nachricht kaum fassen. Auch Oma Liesel und Opa Willy verfolgten gespannt im Fernsehen die neuesten Informationen. Ihre Enkel Leonie und Lutz, die in den Schulferien zu Besuch kamen, waren begeistert. Selbst die Krähe Rabine, die der Familie vor einiger Zeit zugeflogen war, schien zu spüren, dass etwas sehr Aufregendes in der Luft lag.

Da der Planet so lange im Verborgenen geblieben war, wollte man nun keine Zeit verlieren: Schon zwei Wochen später sollte ein Raumschiff zum neu entdeckten Planeten starten – zunächst einmal, um ihn auszukundschaften. Dabei hatten die Regierungen der Erde auf einer rasch einberufenen Konferenz beschlossen, nicht etwa Diplomaten oder hoch dekorierte Wissenschaftler als erste Menschen auf den Planeten zu schicken. Nein, an dieser Mission sollten ganz gewöhnliche Menschen teilnehmen. Sollten die Astronauten auf Technikon Bewohner antreffen, würden diese so genau einschätzen können, mit wem sie es auf der Erde zu tun hätten. Denn immerhin war es ja möglich, dass auch ihnen die Erde völlig unbekannt war.

Trotzdem mussten die zukünftigen Astronauten natürlich technisch begabt sein. Hervorragende Kenntnisse im Umgang mit Werkzeugen und einfachen Maschinen sollten Bedingungen für die Teilnahme an dieser Weltraumexpedition sein. Wie sonst könnte eine solche Mission gelingen! Ebenso sei es wichtig, dass die Pioniere gut zusammenarbeiten könnten. Kaum ein Fernseh- oder Radiosender, der die Bewerbungsvoraussetzungen nicht minütlich durchgab: Interessierte jeden Alters sollten sich unverzüglich beim »Ministerium für Technik und Raumfahrt« bewerben. Mit etwas Glück könne man dort eine Prüfung in Form eines »Werkzeugführerscheins« ablegen.

Auf einmal wurde es im Wohnzimmer ganz ruhig. »Was bedeutet *technisch begabt*?«, fragte Leonie. »Technisch begabt zu sein bedeutet, keine zwei linken Hände zu haben«, antwortete Opa.

»Ich bin technisch hochbegabt«, rief Lutz, »denn ich habe eine rechte und eine linke Hand!«

»Na ja, Willy, ganz so einfach ist es wohl nicht«, gab Oma zu bedenken. »Handwerklich geschickt zu sein ist sicher wichtig, aber das ist doch längst nicht alles!«

»Du hast recht, Liesel«, nickte Opa bestätigend. »Technik ist ja auch viel mehr als nur das Zusammenmontieren von irgendwelchen Dingen. Ein guter und begabter Techniker kann nicht nur Werkzeuge und Maschinen richtig bedienen. Er kennt sich auch aus, wenn es darum geht, etwas Neues zu planen, zu konstruieren und zu bauen. Und er weiß, wie zum Beispiel eine Waschmaschine, ein Auto oder ein Computer funktionieren und kann sie, falls sie kaputt sind, reparieren.«

»Darüber hinaus sollte sich ein Techniker auch darin auskennen, was gut und was schlecht ist«, ergänzte Oma. »Denkt doch nur einmal an den Computer! Einerseits macht er uns das Leben leichter, andererseits birgt er jedoch auch Gefahren. Leider gibt es viele Menschen, die süchtig nach Computerspielen sind!«

»Ich nicht!«, rief Lutz sofort. »Das habe ich ja auch nicht gesagt«, meinte Oma. »Mir ging es lediglich darum, dass die Technik oft zwei Seiten hat und ein richtiger Techniker das auch wissen sollte.«

Wieder wurde es ganz ruhig im Zimmer. »Warum sucht denn die Weltraumbehörde vier Techniker?«, unterbrach Lutz schließlich die Stille. »Nun«, meinte Opa, »überlege doch einmal. Wenn der Planet Technikon tatsächlich unserer Erde ähnlich sein sollte, dann braucht es dort doch Techniker! Wer sonst wäre wohl in der Lage, ihn bewohnbar zu machen? Die Menschen, die dort in Zukunft leben wollen, brauchen doch Häuser, Kühlschränke, eine funktionierende Müllentsorgung, frische Nahrungsmittel, Straßen, Lampen, Brücken, Energie, Kleidung, Autos und ...«

»Autos, die Benzin verbrennen?«, fiel Leonie dem Opa ins Wort. »Diese stinkenden Dinger sollten dort besser nicht herumfahren! Sonst wird die Luft ja so schlecht wie bei uns, und der Planet erwärmt sich wegen der vielen CO_2-Abgase.« »Du hast recht, das könnte man sicherlich auch anders lösen«, sagte Opa.

»Oma, du hast doch als Bau*technikerin* gearbeitet. Und Opa, warst du nicht Lehrer an einer Schule für Lebensmittel*technik*?«, fragte Leonie. »Jawohl, ich bin staatlich geprüfter Lebensmittel t e c h n i k e r!«, antwortete Opa so massiv, dass den anderen sofort klar wurde, was er dachte. »Kinder, wisst ihr was, wir bewerben uns einfach mal!«, schlug Oma plötzlich vor. »Was haltet ihr davon? Mehr als eine Absage können wir ja nicht erhalten.«

»Hurra, Oma, du bist die Beste!«, tönte es durch den Raum. Opa war schon im Begriff, die Schreibmaschine zu holen, um einen Bewerbungsbrief ans »Ministerium für Technik und Raumfahrt« zu verfassen. »Aber Opa, wir leben doch nicht mehr im Mittelalter! Wir können diesen Brief doch auch per E-Mail schreiben. Das geht viel schneller und zeigt, dass wir moderne Kommunikationsmittel verwenden«, meinte Leonie.

»Mittelalter, Mittelalter«, grummelte Opa beleidigt. »So alt bin ich nun auch wieder nicht. Die weltweit allererste E-Mail wurde erst im Jahr 1971 verschickt. Das ist für mein Empfinden noch gar nicht so lange her. Aber du hast recht, Leonie, eine E-Mail macht in diesem Fall einen besseren Eindruck, auch wenn ein richtig schöner Brief mit Briefmarke und Postzustellung manchmal eher angebracht ist.«

Schon hatte Lutz den Computer angeschaltet und öffnete das E-Mail-Programm. Gemeinsam wurde folgender Text verfasst:

Sehr geehrter Herr Minister,
wir – das sind Liesel (66 Jahre), Willy (67 Jahre), Leonie (9 Jahre) und Lutz (5 Jahre) – möchten uns hiermit für die anstehende Technikon-Erkundung bewerben. Wir verfügen über technische Erfahrungen auf ganz unterschiedlichen Gebieten. Für die anstehende Prüfung in Form eines Werkzeugführerscheins sind wir gut vorbereitet.
Wir kennen uns schon seit Langem und vertragen uns prächtig. Wir sind ein wirklich tolles Team.
Teamarbeit bedeutet für uns, unsere jeweiligen Fähigkeiten in die Gruppe mit einzubringen, hilfsbereit zu sein, den anderen Teammitgliedern zuhören zu können, andere Meinungen oder auch kritische Bemerkungen ernst zu nehmen und sie zu hinterfragen. Wir würden uns sehr freuen, einen Teil zur Erkundung von Technikon beitragen zu können.

Gespannt auf Ihre Antwort verbleiben wir
mit freundlichen Grüßen

Liesel, Willy, Lutz und Leonie

Nachdem die E-Mail losgeschickt war, sagte Opa unternehmungslustig: »So, meine Lieben, jetzt zeige ich euch, welche Werkzeuge auch für Nichtastronauten wichtig sind. Kommt mit in meine Werkstatt! Dort erfahrt ihr, was ihr mit den einzelnen Werkzeugen machen könnt, und lernt, angemessen mit ihnen umzugehen.«

Forscherfragen

- Welche unterschiedlichen Gebiete der Technik kennt ihr/kennst du?
- Kannst du/Könnt ihr euch vorstellen, warum Teamarbeit in der Technik wichtig ist?
- Was zeichnet deiner/eurer Meinung nach gute Teamarbeit aus?
- Welche technischen Aufgaben könnte es deiner/eurer Meinung nach auf dem neuen Planenten zu lösen geben?
- Welche Werkzeuge könnten Techniker auf Technikon gebrauchen?
- Welche Maschinen könnten Techniker auf Technikon brauchen?
- Mit welchen Werkzeugen hast du/habt ihr schon gearbeitet?
- Was kennzeichnet deiner/eurer Meinung nach ein Werkzeug?
- Was kennzeichnet dagegen eine Maschine?

Kleine Werkzeugkunde

Im folgenden Abschnitt werden wichtige Werkzeuge, Arbeitsmittel und einfache Maschinen vorgestellt, die geeignet und empfehlenswert sind, eine kleine Werkstatt, sei es zu Hause, in der Schule oder im Kindergarten, einzurichten.

Dabei gilt es zu bedenken, dass der Nutzeffekt einer Werkzeugausrüstung nicht zwangsläufig mit ihrem Umfang wächst, sondern ausschließlich in der Zweckmäßigkeit und in der Qualität der Werkzeuge begründet liegt.

In Bezug auf die Zweckmäßigkeit erhebt unsere Auswahl keineswegs einen Anspruch auf Vollständigkeit, zumal diese stets von individuellen Bedürfnissen abhängig ist. Dennoch gehen wir davon aus, dass Kinder mit den hier vorgestellten Arbeitsmitteln viel technische Erfahrung sammeln können. Es handelt sich um Basiswerkzeuge, die in keiner Werkstatt fehlen sollten.

Im Hinblick auf die Qualität des Werkzeuges gilt die alte Erkenntnis, dass günstiges Werkzeug auf Dauer recht teuer werden kann. Gerade in Kinderhänden werden Werkzeuge und Maschinen sehr beansprucht. Auch für Handwerker gilt das Motto »Gutes Werkzeug ist die halbe Arbeit«, weshalb wir empfehlen, anstatt eines kompletten Werkzeugsets für Kinder eher einzelne, möglichst hochwertige Qualitätswerkzeuge zu kaufen und diese Ausstattung schrittweise nach den eigenen Bedürfnissen zu ergänzen.

Vor der Handhabung von Werkzeugen und Maschinen ist eine ausführliche Einführung, verbunden mit Sicherheitshinweisen, unabdingbar notwendig. Didaktisch sinnvoll wäre es, den Umgang gleich anhand praktischer Konstruktions- und Werkaufgaben zu erlernen. Dabei sollten bei der Fertigung des herzustellenden Produkts möglichst viele Werkzeuge zum Einsatz gelangen. Hierzu bieten sich vor allem Holzarbeiten an: freies, kreatives Konstruieren, der Bau einer Holzstabpuppe, eines Werkzeugkastens, eines Nistkastens, eines Vogelfutterhäuschens oder eines Füller- und Stifthalters.

Für die Kinder höchst motivierend ist es, wenn die Werkzeugkunde darüber hinaus auch mit einer Werkzeugdiplomprüfung, einem Werkzeugführerschein, einem Werkzeugexamen oder einer ähnlichen Auszeichnung abgeschlossen werden kann, die nach erfolgreichem Bestehen in Form einer persönlichen Urkunde ausgehändigt werden könnte.

Die Prüfungsleistung könnte z. B. darin bestehen, dass Kinder die Namen der Werkzeuge und Maschinen nennen (und vielleicht auch schreiben) können, deren Funktionen und Einsatzmöglichkeiten kennen, die richtige Handhabung demonstrieren können und über mögliche Verletzungsgefahren Bescheid wissen.

Mit diesen Kenntnissen über die sachkundige und zweckmäßige Anwendung der Werkzeuge, Arbeitsmittel und Maschinen sollte es Kindern leichter fallen, technische Problemlösungen zu finden und Werkaufgaben erfolgreich zu meistern.

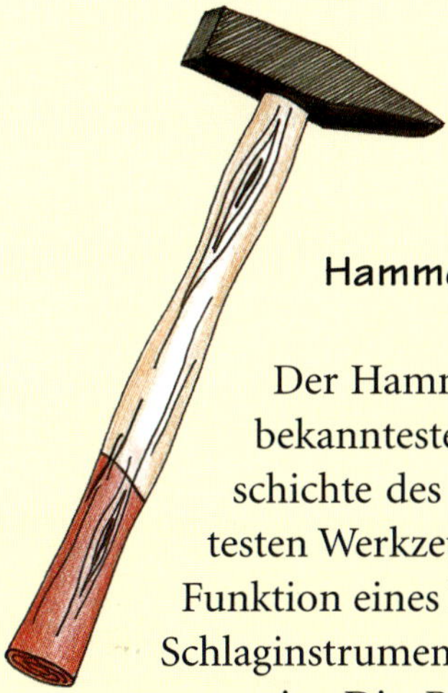

Hammer

Der Hammer ist das bei Kindern wohl bekannteste Werkzeug, das in der Geschichte des Menschen gewiss zu den ältesten Werkzeugen zählt. Auch die primäre Funktion eines Hammers – der Hammer als Schlaginstrument – dürfte jedem Kind vertraut sein. Die Bedeutung des Hammers als Werkzeug wird alleine dadurch deutlich, dass es weit über 50 verschiedene Hammertypen für die unterschiedlichsten Anforderungen gibt.

Für Kinder eignen sich Schlosserhämmer, die ein ungefähres Gewicht von 100 g bis 250 g aufweisen. Das Gewicht des Hammers lässt sich meist auf dem Hammerkopf ablesen. Da der Hammer zunächst hauptsächlich dafür benutzt wird, Nägel einzuschlagen, empfehlen wir für die ersten Erfahrungen den Bau eines kleinen Nagelhalters, der sich z. B. leicht aus einem geknickten Pappestreifen herstellen lässt.

Schraubstock

Ein Schraubstock ist eine fest an einer Werkbank oder abnehmbar an einem Tisch (sogenannte Klemmschraubstöcke) montierte Vorrichtung zum Feststellen und Fixieren von Werkstücken, damit diese besser bearbeitet (z. B. gebohrt, geklebt, gebogen oder gesägt) werden können. Um mit Kindern handwerklich zu arbeiten, reichen Klemmschraubstöcke, die nach getaner Arbeit wieder vom Tisch gelöst werden können, durchaus aus. Eine Werkbank mit fest installiertem Schraubstock ist zwar wünschenswert, aber nicht zwingend erforderlich.

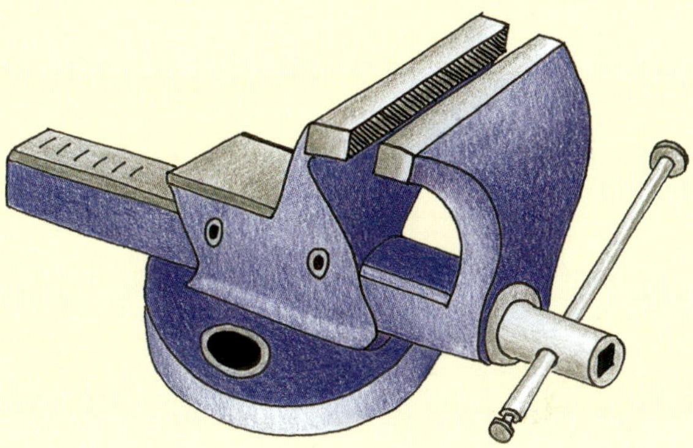

Schraubzwinge

Auf eine Schraubzwinge als Werkzeug lässt sich nur schwer verzichten. Sie gehört zu einer guten Werkzeugausrüstung und dient zum Einspannen mehrerer (meist zweier) Körper gegeneinander. Auf diese Weise lassen sich z. B. Klebestellen unter Druck trocknen, wie es etwa beim Leimen notwendig ist. Sie wird auch benutzt, um einen Werkstoff oder ein Werkstück zur weiteren Bearbeitung an einem Tisch zu fixieren. Wir empfehlen, beim Halten und Fixieren eines Werkstückes dieses eventuell zum Schutz der Oberfläche durch ein kleines Holzstück oder etwas Pappe an den Andruckstellen zu schützen.

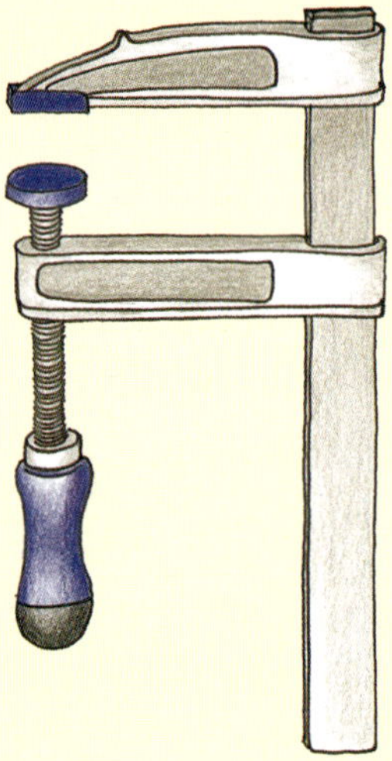

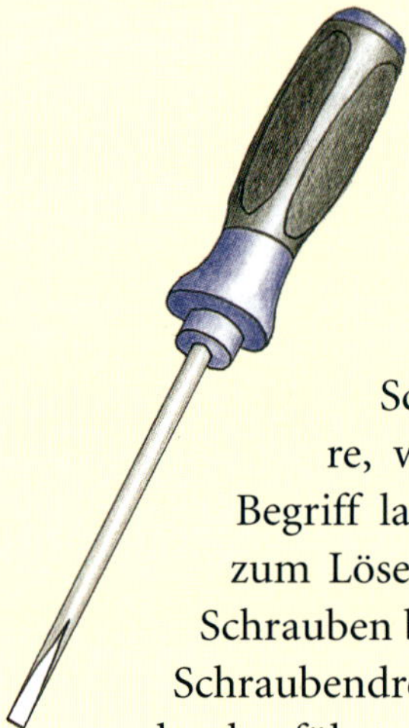

Schraubendreher

Schraubendreher – der geläufigere, wenn auch nicht ganz korrekte Begriff lautet Schraubenzieher – werden zum Lösen, Befestigen und Justieren von Schrauben benutzt. Das Arbeiten mit einem Schraubendreher muss sehr konzentriert durchgeführt werden, da Kinder bei Unachtsamkeit mit diesem spitzen Werkzeug leicht abrutschen können. Wir empfehlen, Kindern mehrere Schlitz- und Kreuzschraubendreher zur Verfügung zu stellen, damit die Klinge – so nennt man den vorderen Teil des Schraubendrehers – möglichst genau in die Schraubenköpfe passt. Einerseits verhindert dies das Abrutschen und andererseits schützt dies auch vor Verformungen der Klinge und der Schraubenköpfe. Ein kleiner Trick erleichtert das Arbeiten: Streicht man die Klinge mehrfach in eine Richtung über einen Magneten, lassen sich Schrauben anschließend bequemer mit dem Schraubendreher aufnehmen und halten.

Vorstecher

Der Vorstecher findet bei der Verarbeitung von Holz seinen Einsatz. Mit ihm werden Bohrungen auf dem Holz gekennzeichnet (mit der Spitze leicht eingedrückt) oder die Lage von Holzschrauben (ebenfalls durch Eindrücken) wird festgelegt. Ähnlich wie bei Arbeiten mit dem Schraubendreher sollte mit einem Vorstecher aufgrund der Verletzungsgefahr sehr sorgsam umgegangen werden. Es empfiehlt sich, die Spitze des Vorstechers nach dem Arbeiten mithilfe eines kleinen Korkens oder eines Gummistückchens zu schützen, indem man diesen auf die Spitze aufdrückt.

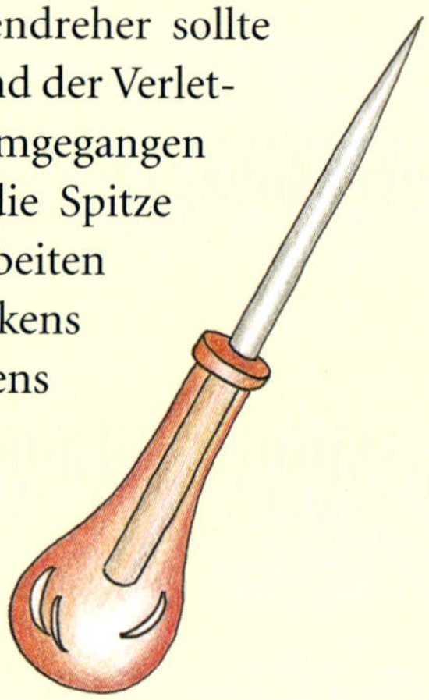

Handbohrmaschine

Die Handbohrmaschine wird per Hand geführt. Wir benutzen sie überwiegend zum Bohren von Holz. Sie kann indessen auch zum Bohren von Metallen, Steinen und Kunststoffen verwendet werden. Die Bohrer werden dazu in das sogenannte Bohrfutter eingespannt, eine Tätigkeit, die Übung erfordert. Die meis-

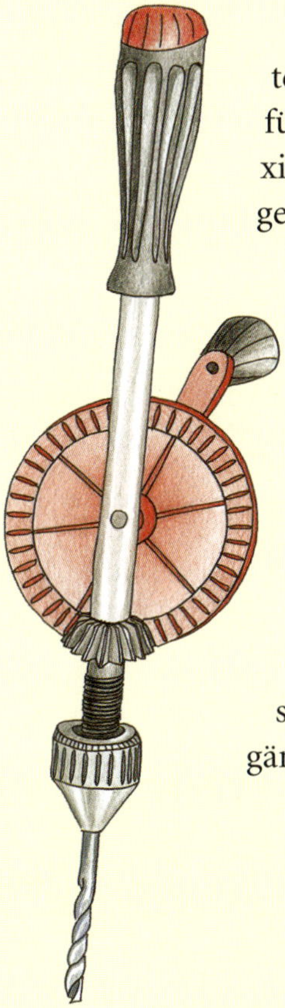

ten Handbohrmaschinen sind für Spiralbohrer bis 6 mm, maximal 8 mm Durchmesser ausgelegt. Die oberste Regel beim Bohren lautet, dass das zu bohrende Werkstück unbedingt eingespannt und fixiert sein muss. Nur auf diese Weise lassen sich Verletzungen sicher vermeiden und wir können präzise arbeiten. Elektrische Bohrmaschinen sind nichts für Kinderhände und sollten auch für diese unzugänglich aufbewahrt werden.

Bohrer

Bohrer werden gelegentlich auch als Bohreinsätze bezeichnet. Es gibt für die verschiedenen Werkstoffe (Metall, Holz oder Stein) verschiedene Bohrerarten. Wir empfehlen die Anschaffung von Metallbohrern, da mit diesen auch problemlos in Holz gebohrt werden kann (nicht in Steine!). Umgekehrt eignen sich Holzbohrer überhaupt nicht für das Bohren in Metall, bzw. der Versuch, mit Holzbohrern in Metall zu bohren, wäre sogar gefährlich, da der Bohrer abbrechen würde. Da die meisten Handbohrmaschinen nur mit einem Bohrfutter bis 6 mm ausgestattet sind, empfiehlt es sich, anstatt eines einzelnen kompletten Bohrersatzes in einer Metallschatulle gleich mehrere einzelne Bohrer in den Standardgrößen (2 mm, 3 mm, 4 mm, 5 mm, 6 mm) zu kaufen. Vor allem dünne Bohrer können bei unsachgemäßer Handhabung (z. B. Änderung der Bohrrichtung während des Bohrens) leicht abbrechen.

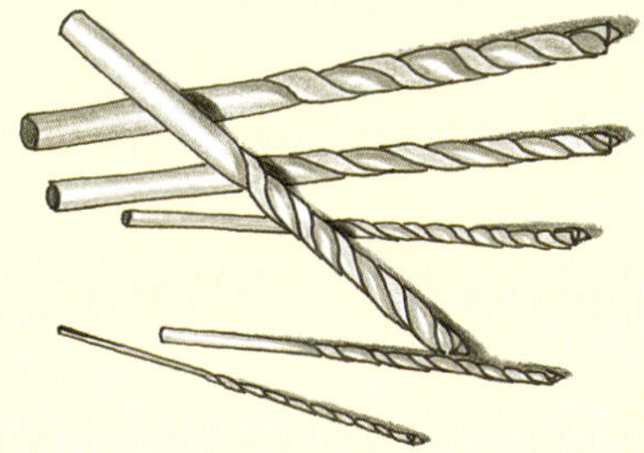

Feile und Raspel

Feilen werden zur Bearbeitung von Holz und Metall eingesetzt, Raspeln hingegen finden nur in der Holzbearbeitung Anwendung, da ihre Oberfläche wesentlich grober gestaltet ist. Sie dienen deshalb auch lediglich zur groben Holzbearbeitung. Beim Raspeln werden bedingt durch die großen Raspelzähne (auch »Raspelhieb« genannt) Holzfasern aus dem Material ausgerissen, und entsprechend tiefe Spuren bleiben an der Oberfläche sichtbar, die wiederum mit einer feineren Feile geglättet werden können. Feilen werden hingegen zur Feinbearbeitung von Werkstoffen eingesetzt. So lassen sich beispielsweise scharfe Kanten abrunden und Oberflächen glätten. Beim Gebrauch von Raspeln und Feilen wird der Griff mit einer Hand gut festgehalten und mit der anderen Hand bei der Vorwärtsbewegung ein Druck auf das vordere Teil des Werkzeugs ausgeübt. Um Verletzungen zu vermeiden, ist es wichtig, dass der Griff der Feile (auch »Feilen-

heft« genannt) stets festsitzt. Feilen unterscheidet man einerseits nach der Form (z. B. Rund-, Halbrund-, Dreikant-, Flachfeilen) und andererseits nach dem Hieb (je höher die Hiebzahl, desto feiner die Feilenoberfläche und damit der Abrieb).

Wir empfehlen die Anschaffung einer Standardraspel und einer sogenannten Werkstattfeile mit Hieb 1 oder 2. Möglich wäre auch die Anschaffung eines Kombinationswerkzeugs mit einer Raspel- und einer Feilenseite.

Heißklebepistole

Heißklebepistolen eignen sich ganz hervorragend zum kleinflächigen und punktuellen Kleben. Verarbeitet wird Schmelzklebstoff, der durch eine elektrische Heizung zum Schmelzen gebracht und durch manuelle Druckbetätigung aus der Spitze der Pistole als flüssige Paste ausgepresst wird. Diese Klebepaste sollte rasch auf die zu klebenden Flächen aufgetragen werden, da die Verarbeitungszeit mit dem Abkühlen der Klebepaste endet. Der Umgang mit diesem Werkzeug ist aufgrund des heißen Klebers und der ebenso heißen Metallspitze nicht völlig ungefährlich, daher darf eine Heißklebepistole Kindern erst nach entsprechenden Sicherheitshinweisen zur Verfügung gestellt werden.

Holzleim

Möchten die Kinder Holz oder Holzwerkstoffe verkleben, so ist lösungsmittelfreier Holz-, Weiß- oder Bastelleim jedem anderen Klebstoff vorzuziehen. Es gibt meist drei unterschiedliche Produktangebote: den normalen Leim, den wasserfesten und den schnell abbindenden Leim. Normaler Leim zieht nach 15 Minuten an – so lange dauert die maximale Verar-

beitungszeit – und muss während des Abbindens gepresst werden. Nach etwa 30 Minuten Presszeit ist das Werkstück stabil, sollte aber noch nicht mit Gewicht belastet werden. Nach etwa 12 Stunden ist die Klebestelle voll belastbar.

Schleifpapier

Möchten wir, dass die Oberfläche eines Holzwerkstückes schön glatt wird, schleifen wir es mit Schleifpapier, das gelegentlich auch Schmirgel- oder Sandpapier genannt wird. Es eignet sich auch zum Brechen von Kanten und wird im Handwerk nicht nur im Bereich »Holz«, sondern auch bei Lackarbeiten, bei Natursteinen und Metallen verwendet. Zum Schleifen von Flächen verwendet man am besten einen Schleifklotz aus Kork, um den das Papier gewickelt wird, und schleift in Richtung der Holzmaserung. Im Fachhandel gibt es Schleifpapier in verschiedenen Körnungen. Diese Körnung wird durch eine auf der Rückseite des Papiers genannte Zahl angegeben. Je größer die Zahl, desto feiner das Papier. Wir empfehlen die Anschaffung von 80er-Bögen (zum Vorschleifen) und 150er-Bögen (zum Feinschleifen).

Meterstab

Auch wenn der Meterstab in der Fachsprache gelegentlich »Zollstock« oder »Gliedermaßstab« genannt wird, so wird er umgangssprachlich schlicht und einfach als »Meter« bezeichnet. Solch ein »Meter« darf selbstverständlich in einer Basiswerkzeugausstattung nicht fehlen. Die handelsübliche Länge beträgt 200 cm, es gibt aber auch speziell für Kinderwerkarbeiten Meterstäbe der Länge 100 cm, die zu bevorzugen sind.

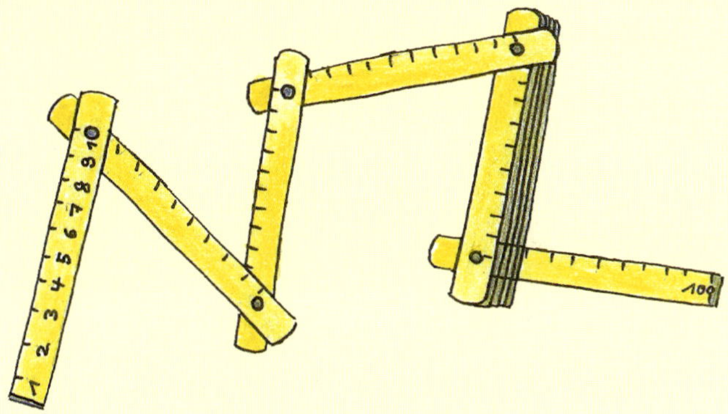

Kombizange

Eine Kombinationszange, kurz Kombizange genannt, vereint mehrere Eigenschaften spezieller Zangen (daher der Name) und ist aufgrund ihres Funktionsumfangs ein sehr empfehlenswertes Werkzeug. Sie dient zum Greifen, Abkanten sowie zum Abtrennen von schmalen Blechstreifen und Drähten. Hierzu besitzt

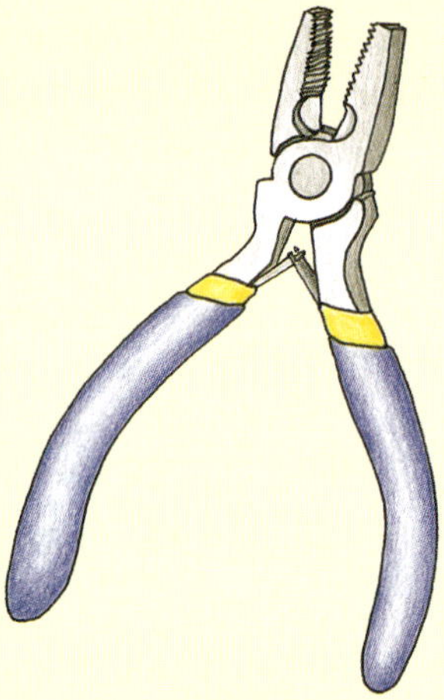

sie Schneiden, die einem Seitenschneider vergleichbar sind, zugleich aber auch Backen wie Flach- und Rohrzange, um flache Werkstücke oder auch Schraubenköpfe festzuhalten.

Feinsäge

Feine und gerade Schnitte in Holzleisten bzw. Rund- und Kanthölzer lassen sich besonders gut mit einer Feinsäge ausführen. Eine Feinsäge arbeitet auf Stoß, d. h. sie sägt, wenn sie vom Körper weggedrückt wird. Das Sägeblatt kann bei dieser Säge nicht gewechselt, sondern muss bei Abstumpfung von einem Fachmann geschliffen werden. Meist ist es jedoch einfacher und eventuell sogar billiger, in diesem Fall über einen Neuerwerb nachzudenken.

Puksäge

Eine Puksäge ist eine sehr verbreitete Universalbügelsäge, die auch in vielen Haushalten zur Standardwerkzeugausstattung gehört. Eine Bügelsäge ermöglicht es, dass in den Haltebügel für jeweils verschiedene Werkstoffe (z. B. Holz, Kunststoff oder Metall) entsprechende Sägeblätter eingespannt werden können, die je nach Bedarf oder Abstumpfung ausgewechselt werden können. Puksägen arbeiten im Gegensatz zu anderen Bügelsägen auf Zug, d. h. beim Einspannen der Sägeblätter ist darauf zu achten, dass die Sägezähne zum Griff hin zeigen. Eine Puksäge ist ein hervorragendes Werkzeug, wenn es darum geht, dünne Leisten oder Rundstäbe abzusägen.

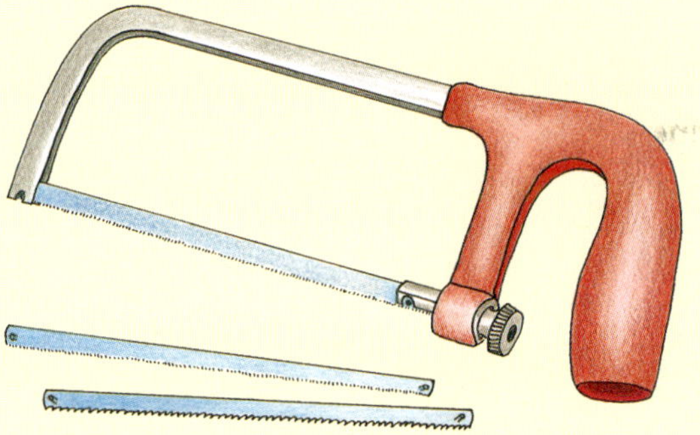

Laubsäge

Die wohl bekannteste Bügelsäge für den Bastelbedarf dürfte die Laubsäge sein. Ebenso wie die Puksäge arbeitet sie auf Zug. Das bedeutet, dass beim Einspannen des Sägeblatts darauf zu achten ist, dass die Zähne zum Griff hin zeigen. Die Laubsäge ist insbesondere für feine Arbeiten geeignet, wenn es etwa darum geht, enge Rundungen oder filigrane Konturen zu sägen. Das Arbeiten mit einer Laubsäge erfordert motorisches Geschick, und es bedarf einiger Übung, bis Kinder den Umgang mit diesem Werkzeug beherrschen.

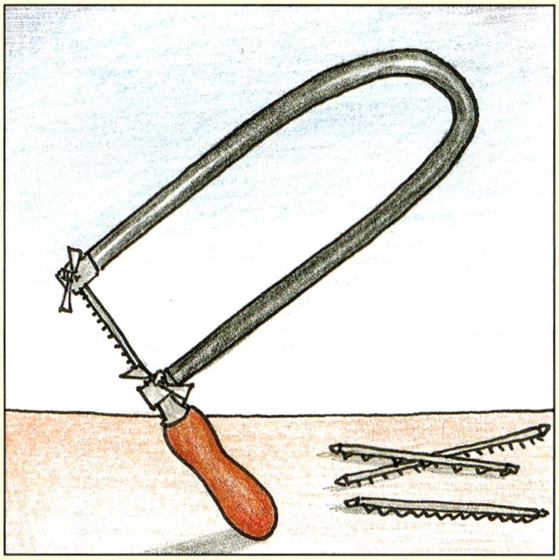

Schneidlade

Eine Schneidlade (gelegentlich auch Gehrlade oder Gehrungsschneidlade genannt) ist ein sehr praktisches Hilfsmittel, wenn es darum geht, Holzstücke maßgenau abzusägen. Die in der Schneidlade befindlichen Schlitze dienen dabei als Führungsschiene für das Sägeblatt, um exakte Schnitte durchzuführen.

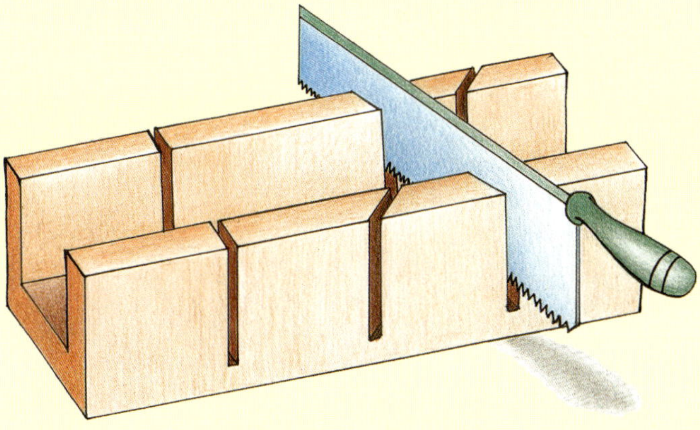

Nähmaschine, Nadel und Faden

»Textiles Gestalten«, sei es mit der Nähmaschine, Nadel und Faden oder mittels eines Webrahmens, in Filz- oder Fadentechnik oder durch einfaches Schneiden und Kleben, betrifft ohne Zweifel einen wesentlichen Bereich der Technik. Natürlich wäre es völlig unzureichend, in wenigen Sätzen lediglich die Funktions- und Einsatzbereiche etwa einer Nähmaschine darzustellen. Dennoch ist es uns wichtig, darauf hinzuweisen, dass der Gesamtbereich des »Textilen Gestaltens« mit seiner hauptsächlichen Arbeitsmaschine, der Nähmaschine, ein unverzichtbarer Gegenstand eines Technikbuches für Kinder darstellt. Wir möchten an dieser Stelle daher nur den Hinweis geben, dass die zentrale Funktionsweise einer Nähmaschine, also das gegenseitige Verschlingen des Ober- und Unterfadens, auch bei ausgeschaltetem Motor erforscht und erkundet werden kann. Kinder begeistert es, zu entdecken, dass der mechanische Teil der Nähmaschine nichts mit ihrer Motorisierung zu tun hat. Durch das Drehen am Handrad lassen sich die Stiche genauso verwirklichen wie mittels eingesetzten Elektromotors. Viele interessante Sachverhalte können durch diese Beobachtung erschlossen werden.

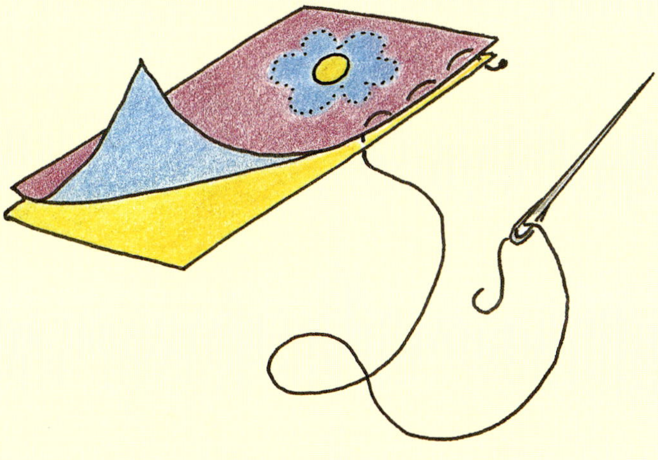

Noch eine Bemerkung zum Schluss: Selbst das allerbeste Werkzeug verliert seine überlegenen Eigenschaften, wenn Kinder ihm nicht die notwendige Pflege und Sorgfalt zukommen lassen. Sobald der Werkzeugbestand über ein gewisses Maß hinausgewachsen ist, sollte deshalb auch über eine werkzeuggerechte Aufbewahrungsmöglichkeit nachgedacht werden, die eine geschützte und zugleich praktische Unterbringung der Werkzeuge und Maschinen sicherstellt. Hierfür eignen sich Werkzeugschränke und Werkzeugblöcke, die von den einschlägigen Schulausstattern in einer großen Vielfalt angeboten werden.

Handwerker-Lied

Handwerker-Lied

Technik-Kinder, seht nur an,
was das Handwerk leisten kann!

Drückt euch mal der alte Schuh,
hilft der Schuster euch im Nu:
Neu besohlt und sehr bequem
läuft sich's wieder angenehm!

Reißt die Hose euch entzwei,
bringt sie in die Schneiderei:
Denn gekonnt näht euch der Schneider
alte und auch neue Kleider!

Von dem feinen Erdbeerkuchen
wollt ihr gern ein Stück versuchen:
Diese feine Leckerei
gibt's in der Konditorei!

Habt ihr einen Strubbelkopf
oder ist zu lang der Zopf:
Der Friseur schneidet – schnipp, schnapp –
euch die langen Haare ab!

An dem Stuhl die Lehne wackelt.
Ei, da wird nicht lang gefackelt:
Tragt den Stuhl zum Schreinermeister,
er hilft euch mit Leim und Kleister!

Wohnt ihr in einem alten Bau
ohne Putz und grau in grau:
Maler kann ihn renovieren,
bunt die Wände tapezieren!

Sturm ist übers Haus gefegt,
hat drei Ziegel abgedeckt!
Ruft den Dachdecker herbei,
er arbeitet schwindelfrei!

Schneespaziergang, euch ist's kalt,
auch die Tiere frier'n im Wald:
Förster hilft mit Heu und Stroh,
das macht hungrige Tiere froh!

Aufbruch nach Technikon: Transport und Verkehr

Die ersehnte E-Mail

Leonies und Lutz' Blicke schweiften noch lange durch die Werkstatt. Im Laufe der Jahre hatten Oma und Opa eine beträchtliche Anzahl an Spezialwerkzeugen gesammelt: große, kleine, spitze, stumpfe, dünne, breite ...

»Oje«, jammerte Lutz, »müssen wir diese vielen Werkzeuge denn alle mitnehmen, falls wir ausgewählt werden? Die kann ich mir sicher niemals merken!« »Das ist auch nicht nötig«, beruhigte ihn Opa. »Es reicht völlig, wenn du die Werkzeuge und die Maschinen, die ich euch gezeigt und erklärt habe, kennst. Das sind die wichtigsten, denn du kannst sie für fast alle Arbeiten einsetzen.«

Leonie und Lutz seufzten erleichtert auf und folgten Opa zurück in die Wohnung, denn sie wollten auf keinen Fall Neuigkeiten über den Planeten Technikon versäumen!

In den nächsten Tagen überprüfte Leonie ihre E-Mails noch öfter als sonst. Doch diesmal wartete sie nicht nur auf Nachrichten von ihren Freundinnen zu Hause, sondern vor allem auf eine Rückmeldung aus dem Ministerium! Die ließ auch tatsächlich nicht lange auf sich warten – immerhin mussten die Technikon-Pioniere noch auf ihre aufregende Reise vorbereitet werden. Leonie entdeckte die ersehnte E-Mail als Erste:

Sehr geehrte Interessenten am Pilotprogramm der internationalen Raumfahrtbehörde,
wir freuen uns, Ihnen mitteilen zu können, dass Ihre Bewerbung unser Interesse geweckt hat. Bitte erscheinen Sie alle vier am kommenden Montag um 8 Uhr in unserer Behörde (Raum Beta-X 7). Wir würden Sie gerne persönlich kennenlernen und Ihre Technikkenntnisse im Rahmen eines Werkzeugführerscheins überprüfen.

Mit freundlichen Grüßen
Ihre Technikon-Kommission

Zeit zum Staunen blieb kaum, denn Montag war schon in drei Tagen! Nach einem kurzen Luftsprung rannte Lutz schnurstracks in Opas Werkstatt. Die anderen folgten ihm. Dort verbrachten sie dann auch die meiste Zeit in den nächsten Tagen. Immerhin wollten sie gut vorbereitet sein!

Der Werkzeugführerschein

Die Idee eines Werkzeugführerscheins wurde bereits angesprochen. Aus unseren Erfahrungen können wir berichten, dass Kinder immens stolz darauf sind, wenn sie im Rahmen einer kleinen Feier einen »Werkzugführerschein«, mit ihrem persönlichen Namen versehen, ausgehändigt bekommen. Dieses Gefühl des Stolzes ist umso berechtigter und deshalb auch stärker, je größer die zu erbringenden Leistungen zur Aushändigung dieses Testats waren. Eventuell bietet es sich an, dass der Nachweis über die Fertigkeiten und Kenntnisse im sachgerechten Umgang mit Werkzeugen und Werkstoffen in Form der Anfertigung eines »Gesellenstücks« (z. B. eines Vogelhäuschens) erbracht wird.

Wir möchten Ihnen, liebe Leserinnen und Leser, einen Textvorschlag machen, den Sie natürlich individuell anpassen und verändern sollten. Gerne können Sie auch diesen Werkzeugführerschein als Kopiervorlage verwenden.

Werkzeugführerschein

Hiermit bestätigen wir, dass

....

den sachgerechten Umgang mit Werkzeugen und Werkstoffen ebenso beherrscht wie die gängigen technischen Fertigungsverfahren.

Die Prüfungsleistung zum Erwerb dieses Testats bestand in der Fertigung einer/s

....

Dabei wurde das Werkzeug pfleglich behandelt, korrekt verwendet, alle Sicherheitsregeln wurden eingehalten und die Partnerarbeit war geprägt von einem Klima der Hilfsbereitschaft.

Ort, Datum: ....

Unterschrift: ....

Werkzeugführerschein-Lied

Strophen 1-4

Strophen 5-8

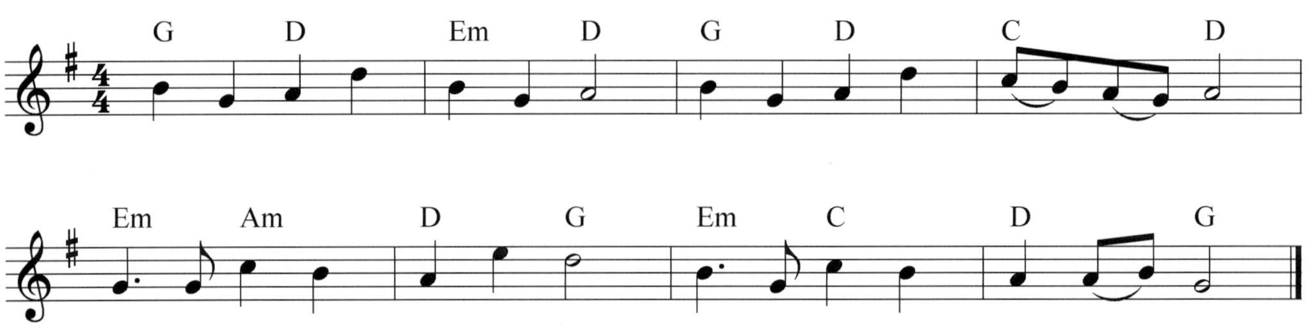

Werkzeugführerschein-Lied

Liebe Kinder groß und klein,
für den Werkzeugführerschein
woll'n wir heute fleißig sein,
tretet in die Werkstatt ein!

Damit nichts passieren kann,
ziehen wir Handschuhe an.
Unser Holzstück wird behend
in den Schraubstock eingeklemmt.

Mit Gebrumme und Rumoren
lassen wir den Bohrer bohren.
Welche Tat hat er vollbracht?
Schrumm – er hat ein Loch gemacht!

In das Loch – 's ist kaum zu glauben –
passt die kleinste unsrer Schrauben!
Mit dem Schraubendreher fein
drehn wir sie ins Loch hinein.

Mit der Säge – ricke, rack –
sägen wir die Ecken ab.
Unser Hammer – klopf, klopf, klopf –
trifft den Nagel auf den Kopf!

Praktisch ist die Kombizange!
Seht, es dauert gar nicht lange,
bis sie von dem Draht geschickt
einen Teil hat abgezwickt!

Fertig sind die Einzelteile!
Mit der langen, groben Feile
und mit feinem Schmirgelpapier
glätten wir die Ränder hier.

Bunt bemalt sieht's prächtig aus,
unser kleines Vogelhaus.
Kommt Rabine angeflogen,
hat ihr Häuschen gleich bezogen!

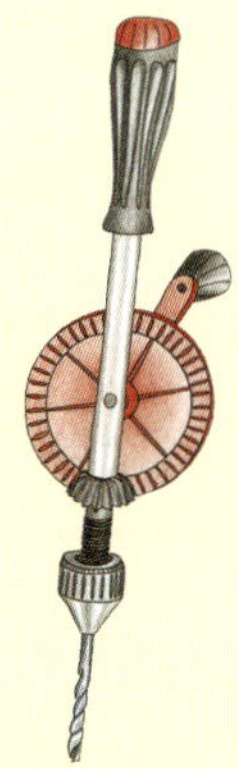
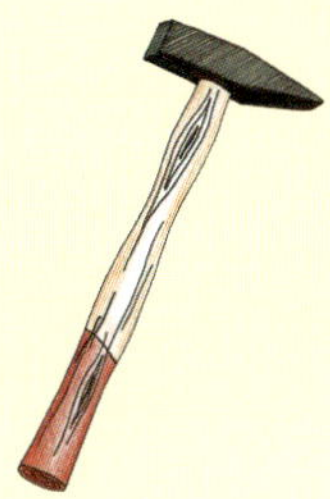
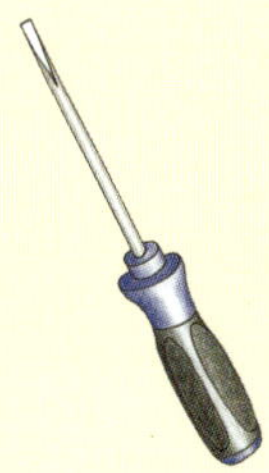
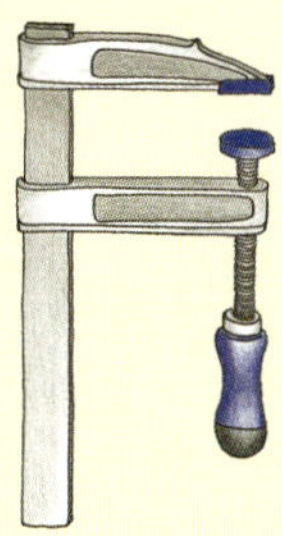
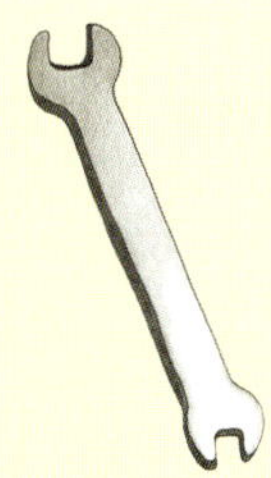
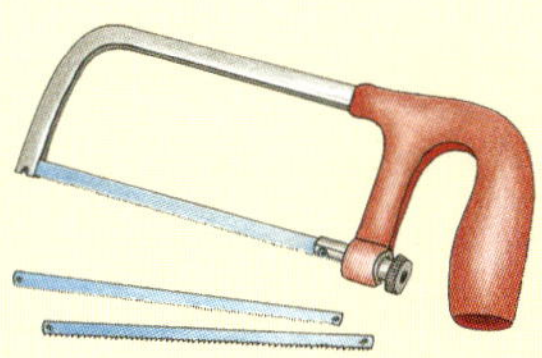
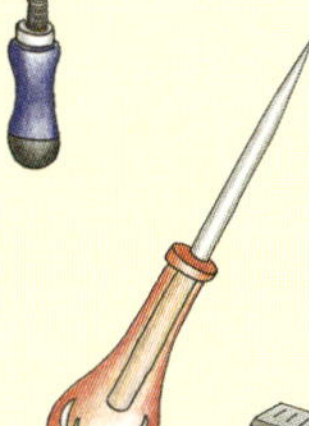
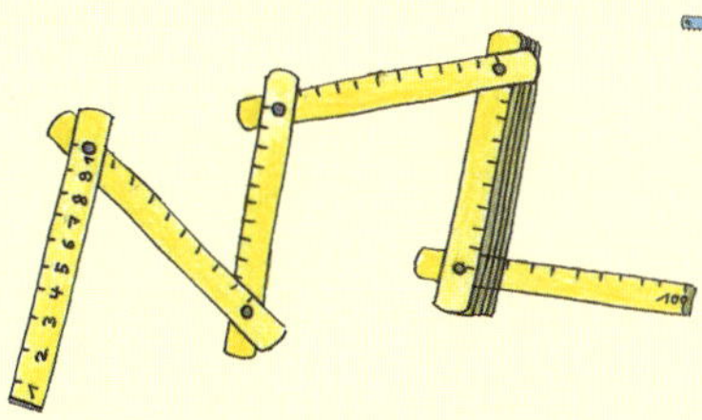
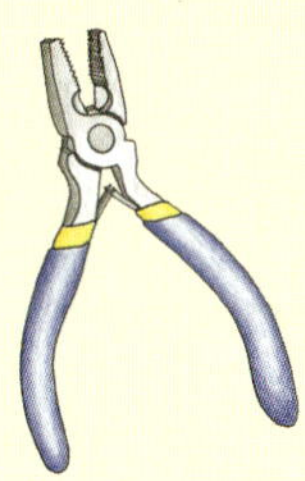
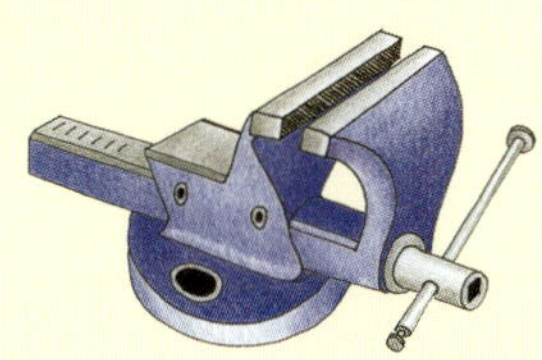

Der Einsatz lohnte sich: Die Prüfung fiel nicht schwer. Mehr noch als von den technischen Kenntnissen war man beim »Ministerium für Technik und Raumfahrt« allerdings vom guten Zusammenhalt der Familie angetan. Das war wichtig, denn ein Streit auf Technikon könnte die Neuastronauten in ernsthafte Schwierigkeiten bringen! Zwar rechneten sich die vier gute Chancen aus, doch als der Minister für Technik und Raumfahrt persönlich in einer Fernsehansprache ihre Namen verkündete, waren Leonie, Lutz, Oma und Opa für einen Moment geschockt.

»Meine sehr verehrten Damen und Herren, liebe Mitbürgerinnen und Mitbürger«, sagte der Minister, »einen neuen Planeten zu erkunden ist eine große Verantwortung, die noch keiner Generation zuvor zuteil geworden ist. Es gibt keinerlei Erfahrungswerte, welche Personengruppe für dieses Vorhaben besonders geeignet wäre. In den letzten Tagen haben wir viele Bewerbungen von Menschen erhalten, die eine solche Mission begleiten möchten. Die Entscheidung fiel uns nicht leicht, doch die Wahl fiel auf vier Freiwillige, die sich gegenseitig sehr respektvoll behandelt haben. Wir glauben, dass sie diesen Respekt auch vor dem Planeten Technikon haben werden, wenn sie ihn als erste Menschen erkunden. Außerdem haben sie gezeigt, dass sie Kenntnisse zur Bedienung technischer Geräte vorweisen können.«

Lutz hatte nicht wirklich verstanden, was der Minister da erzählte. Was er aber ganz klar und deutlich verstanden hatte, war sein Name! Lutz ______________ (Name kann individuell eingesetzt werden)! Auch Leonie, Oma und Opa waren ausgewählt worden.

Nach dieser Nachricht waren alle kreidebleich. Auch Rabine, die auf ihrem Lieblingsplatz in ihrem stets offenen Vogelkäfig saß, spürte, dass etwas sehr Aufregendes passiert sein musste, und war muckskrähenstill.

»Habt ihr das gehört, sind wir denn tatsächlich ausgewählt worden?«, fragte Oma in die Runde. »Zwick' mich in den Arm, sonst glaube ich, dass ich träume!«, erwiderte Opa.

Allen war auf einmal ganz mulmig zumute. Vielleicht war diese Bewerbung doch keine so gute Idee gewesen! »Aber unsere Rabine muss mit, sonst bleibe ich daheim«, fand Leonie als Erste die Fassung wieder. Offensichtlich war Rabine der gleichen Meinung, denn sie flatterte aufgeregt über ihnen herum und krächzte laut.

Die nächsten Tage vergingen wie im Flug, denn es galt, Vorbereitungen zu treffen. Zwar funktionierte das nagelneue Raumschiff vollautomatisch, doch waren jede Menge Sicherheitsregeln zu beachten. Und natürlich mussten die vier Neuastronauten lernen, wie man sich im Weltall bewegt.

Den ersten Auftrag des Ministeriums konnten Leonie, Lutz, Oma und Opa noch auf der Erde ausführen: Sie sollten ein Fahrzeug für die Planetenerkundung entwerfen und dazu gleich ein Verkehrs- und Transportkonzept für den gesamten Planeten ausklügeln. Das »Robomobil« war eine echte Herausforderung, doch die Arbeit daran machte allen großen Spaß. Aus welchen Materialien sollte das Robomobil bestehen? Immerhin waren auf Technikon keine Straßen zu erwarten! Womit wurde es angetrieben? Wie groß musste es sein, um schwere Dinge damit transportieren zu können?

Wir bauen ein Robomobil

Allen abgebildeten »Robomobilen« liegt stets die gleiche Grundkonstruktion eines Autos zugrunde, die sich mit einfachen Materialien auf einfallsreiche Weise realisieren lässt. Als Materialien bieten sich Holzreste, Sperrholzbrettchen, verschiedene Rundhölzer, Schaschlikspieße, Styroporreste, Pappschachteln, Strohhalme, Rundkopfschrauben, Knete, feste Pappe, Holzscheiben oder Teelichter (als Reifen) und vieles mehr an.

Das Ziel sollte es sein, dass die Kinder ihre kreativen Bauversuche möglichst selbstständig durchführen können und die Autos zur Weiterverwendung gut fahren.

Materialien

Wir benötigen jeweils ein fahrtüchtiges Auto, Papier oder eine dünne Pappe für ein Segel, Rundstäbe oder Schaschlikspieße und einen Fön oder Ventilator (Segelrobomobil), einen Luftballon, doppelseitiges Klebeband, ein Papier oder Plastikröhrchen (Luftballonrobomobil) und Nägel, feste Gummis oder Gummibänder (z. B. von Einmachgläsern), Schnur und Knetmasse (Katapultrobomobil).

Durchführung

Auch bei den Konstruktionen des Antriebs sollten die Kinder die gleiche kreative Freiheit haben wie bei der Grundkonstruktion des Autos. So wäre es beispielsweise möglich, die Spannenergie des Gummis direkt in Bewegungsenergie umzuwandeln, indem das Gummi auf der Antriebsachse aufgewickelt wird.

Auf diese Weise entstünde ein *Gummimotorrobomobil* (nicht abgebildet).

Beim *Segelrobomobil* wird das Fahrzeug durch die Windkraft angetrieben, und es bietet sich an, verschiedene Segelformen auszuprobieren.

Das *Luftballonrobomobil* funktioniert auf die gleiche Weise wie das Katapultauto. Weggeschleudert wird hier jedoch keine Knete, sondern Luft. Dieser Vorgang funktioniert kontrollierter, wenn eine dünne Papier- oder Plastikröhre im Ausstrahlkanal befestigt wird (einfügen und eng umwickeln), die dann als Strahldüse dient. Der Ballon selbst lässt sich mit beidseitigem Klebeband auf dem Grundmodell befestigen.

Das *Katapultrobomobil* wird durch den Rückstoß eines Knetklumpens angetrieben. Hier lassen sich kleinere erkenntnisreiche Experimente durchführen, z. B. die Variation der Spannkraft des Gummis oder die Variation des Geschossgewichtes. Gestartet wird das für Kinder sehr lustige Robomobil durch Zerschneiden der Schnur oder indem das Spanngummi direkt über einen etwas schräg eingeschlagenen Drahtstift (z. B. einen Nagel mit abgezwicktem Nagelkopf) abrutscht.

Hinweis: Die Bild- bzw. Konstruktionsideen für diese drei Automodelle haben wir mit freundlicher Genehmigung dem Buch »Technik im Sachunterricht begreifen« von Klaus Klein, Mark Winter und Karin Engel, Schneider Verlag Hohengehren, 2002, entnommen.

Ein Verkehrskonzept für Technikon

Auch beim Erarbeiten eines Verkehrs- und Transportkonzepts für den neuen Planeten rauchten die Köpfe. Schließlich ist dieses Thema schon hier auf unserer Erde höchst kompliziert! Kein Wunder, dass die vier angeregt diskutierten. »Wenn ich an das Thema Verkehr denke«, sagte Lutz, »fällt mir als Erstes der Stau auf der Autobahn ein, in dem wir letzten Sonntag nach unserem Ausflug steckten. Mann, war das langweilig, und ich musste auch noch dringend aufs Klo!« »Und wenn ich daran denke, wie viel Geld dieser Ausflug gekostet hat, bei den hohen Benzinpreisen«, warf Oma ein. »Wir sollten in Zukunft eher den Bus oder die Bahn nehmen.« »Ich muss immer husten, wenn ich auf dem Weg zum Kindergarten bei der Ampel auf Grün warten muss, so schlecht ist die Luft von den vielen Autos«, ergänzte Lutz und rümpfte die Nase. »Unsere Luft wird aber auch durch die vielen Flugzeuge und Schiffe verpestet«, warf Oma in die Diskussion ein. »Auch die Kraftwerke, die fossile Brennstoffe wie beispielsweise Kohle verbrennen, tragen daran Mitschuld ...«

»Jetzt macht aber mal langsam«, fiel Opa Oma ins Wort. »Ihr denkt ja nur an die schlechten Seiten des Verkehrs. Habt ihr euch schon einmal überlegt, dass wir ohne Verkehr keine Waren einkaufen könnten? Wer bringt uns jeden Tag frische Nahrungsmittel? Und auch, wenn wir letzten Sonntag im Stau standen – trotzdem war der Ausflug in den Zoo doch schön! Nicht zu vergessen die Urlaubstage. Ohne Verkehr müssten wir immer zu Hause bleiben. Auch wäre es ohne Verkehr für die meisten Menschen nicht möglich, zu ihrer Arbeitsstelle zu gelangen. Wahrscheinlich hätten wir ohne Autos, Flugzeuge, Schiffe und Eisenbahn auch weniger Arbeitsplätze. Und wenn die Menschen kein Geld verdienen können, geht es den meisten von ihnen nicht besonders gut.«

»Stimmt«, seufzte Leonie, »das ganze Verkehrs-Trallala ist doch sehr kompliziert. Einerseits brauchen wir den Verkehr, egal ob in der Luft, im Weltraum, auf den Schienen, auf den Straßen oder im Wasser, andererseits macht er doch immer größere Schwierigkeiten. Wir sollten unbedingt versuchen, die Probleme, die wir von der Erde her kennen, auf Technikon möglichst zu vermeiden oder gering zu halten.«

So diskutierten Leonie, Lutz, Oma und Opa Frage um Frage, bis es allen bei dem wilden Durcheinander ganz schwindelig wurde.

Bitte anschnallen!

Der Tag der Abreise rückte immer näher. Schon früh waren die vier an diesem Morgen wach. Um fünf Uhr klingelte der Wecker gnadenlos, doch von Müdigkeit war keine Spur! Leonie, Lutz, Oma und Opa sprangen putzmunter aus ihren Betten.

Nachdem sich Lutz und Leonie am Telefon von ihren Eltern verabschiedet hatten, wurden sie zusammen mit Oma und Opa vom Technologieminister höchstpersönlich abgeholt. Dann ging alles rasend schnell, da alle wichtigen Dinge, vor allem auch eine große Werkzeugkiste und die Arbeitsmaterialien, schon am Tag zuvor an Bord des Raumschiffes gebracht worden waren.

Der Minister hielt eine Ansprache und wünschte den Pionieren viel Erfolg. Die Raumanzüge, in den letzten Tagen in aller Eile entworfen und maßgeschneidert, passten wie angegossen. Rabine sah in ihrem Vogelraumanzug allerdings etwas komisch aus und fühlte sich offensichtlich auch nicht besonders wohl.

Kaum hatten sich alle angeschnallt, dröhnten auch schon die Lautsprecher: ten, nine, eight, seven, six, five, four, three, two, one, zero. Und schon ging es los. Hui, war das ein Gefühl – einfach unbeschreiblich!

Forscherfragen

- Wie kommen deine/eure Eltern zur Arbeit?
- Wie viele Menschen sitzen im Durchschnitt in einem Auto? (Zähle/zählt die Autos, die eine Straße befahren, und ermittelt die Anzahl der Insassen.)
- Wieviele Kilometer sind deine/eure Eltern mit ihrem jetzigen Auto gefahren? Reicht das aus, um einmal/mehrmals um die ganze Welt zu fahren?
- Wie viel Geld geben deine/eure Eltern im Monat für den Verkehr aus? Frag(t) sie!
- Welche Ideen hast du/habt ihr, wie sich Kraftstoff einsparen lässt?
- Hast du/habt ihr eine Idee, wie sich Verkehr vermeiden lässt?
- Wer weiß, was ÖPNV bedeutet?
- Habt ihr/hast du eine Idee, was den ÖPNV attraktiver machen könnte?
- Welche Verkehrsmittel befördern jährlich die meisten Menschen?
- Wie groß sind die Streckennetze für die Eisenbahn, den Straßenverkehr und die Schifffahrt?
- Weißt du/wisst ihr, wo der nächste Flugplatz liegt und wohin man von dort aus fliegen kann?
- Warum, denkst du/denkt ihr, möchte niemand in der direkten Nachbarschaft eines Flugplatzes wohnen?
- Hast du/habt ihr eine Vorstellung davon, wie ein Raketenantrieb funktionieren könnte?
- …

Technikon-Lied

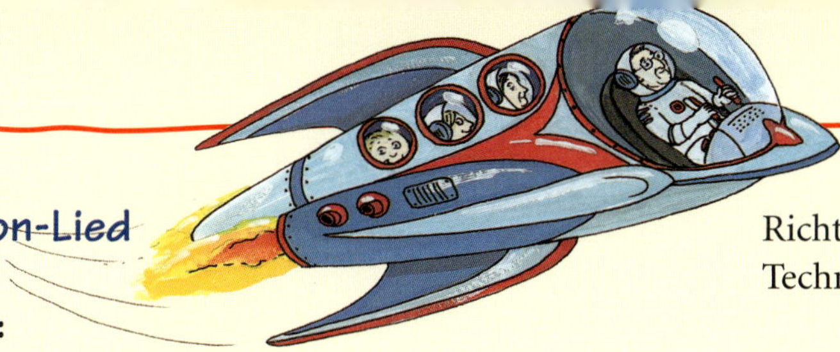

Technikon-Lied

Strophen:

Liebe Kinder, kennt ihr schon
den Planeten Technikon?
Im Weltraum hinterm Mond versteckt,
wurde neulich er entdeckt!
Auf ihm gibt es Tiere, Bäume,
unerforschte Lebensräume.
Technikon ist riesengroß,
Technik-Forscher, fliegt gleich los!

Gut verpackt im Raumanzug
startet der Raketenflug.
Mit dabei der Werkzeugpass,
so macht Technikforschung Spaß!
10-9-8-7-6-5-4,
aufgepasst, gleich starten wir!
3-2-1, auf null geht's los,
durchs Weltall fliegen ist famos!

Hopplahopp, schon wird gelandet,
leider sind wir falsch gestrandet:
Wildes Wasser, breiter Fluss
bringt uns Technikern Verdruss!
Wie soll es jetzt weitergehn?
Riesengroß scheint das Problem!
Doch mit technischem Know-how
meistern wir den Brückenbau.

In das Raumschiff eingezwängt
leben wir doch sehr beengt.
Kommt, wir wollen gleich probieren,
uns ein Haus zu konstruieren!
Jeder zeichnet ein Modell,
das macht Spaß und geht ganz schnell.
Richtfest feiern, das ist fein,
Techniker, zieht alle ein!

Das Papier, es geht zur Neige,
ach, das macht uns keine Freude.
Lampe leuchtet auch nicht mehr,
ihre Batterie ist leer.
Unsre Kleider sind verschlissen,
einer hat sein Hemd zerrissen.
Doch wir bleiben froh und heiter,
denn die Technik hilft uns weiter!

Piep! Durchs Handy-Telefon
gibt es Kommunikation
mit unsichtbaren Technikwesen!
Ihre Nachricht kann nur lesen,
wer die Wörter unbeirrt
mit Cäsar-Code rasch dechiffriert.
Wie lautet denn die Botschaft gleich?
»Erdlinge, wir grüßen euch!«

»Unsre Umwelt ihr verschont,
dafür werdet ihr belohnt:
Unsre Freunde sollt ihr sein,
gerne laden wir euch ein,
uns bald wieder zu besuchen.
Kaffee gibt es dann und Kuchen!
Erdlinge, ihr müsst nun gehn,
guten Flug, auf Wiedersehn!«

Refrain:

Technikon, Technikon,
kommt, wir fliegen nach Technikon!
Allen Kindern wohl gefällt
die Forschung in der Technikwelt!

Stein auf Stein: Bauen und Wohnen

Ankunft und Brückenbau

Nach einer faszinierenden Reise in wunderbarer Schwerelosigkeit begann der Landeanflug. Die Raumkapsel schüttelte und rüttelte, bevor sie mit einem letzten Stoß auf der Oberfläche aufsetzte. Obwohl dies nicht gerade sanft vonstattenging, waren doch alle unverletzt und bei bester Laune.

»Ich bin schon ganz aufgeregt«, rief Lutz, als er durch das Fenster des Raumschiffes zu ersten Mal den Planeten sah. »Ich kann es kaum noch erwarten«, stimmte Leonie ihm zu. Oma öffnete die Luke der Raumkapsel. »Oh, das sieht ja fantastisch aus«, rief sie begeistert, »fast wie bei uns auf der Erde!« Opa war voller Tatendrang: »Machen wir uns lieber an die Arbeit. Wir haben eine Menge zu tun.«

Tatsächlich mussten die vier Techniker gleich zu Beginn ihres Aufenthalts eine wirklich knifflige Aufgabe lösen. Es stellte sich heraus, dass der ausgewählte Landeplatz nicht allzu günstig für die geplanten Erkundungsausflüge war. Die Raumkapsel stand an einem schrägen Abhang eines Tals, das von einem breiten Fluss durchzogen war. Besser wäre es gewesen, auf der gegenüberliegenden, flacheren Uferseite anzukommen. Was war zu tun? »Kommt, wir starten einfach noch einmal und fliegen auf die andere Seite hinüber!«, rief Leonie. Ihre Idee wurde jedoch gleich verworfen, da dieses Vorhaben zu viel Treibstoff verbrauchen würde. Die Menge des Treibstoffs war im Vorfeld exakt berechnet worden. Man wollte vermeiden, dass das Raumschiff zu schwer wurde. So reichte der Treibstoff nur für die Rückreise und erlaubte keine weiteren Flugmanöver.

»Wir könnten durch den Fluss doch einfach hindurchschwimmen. Besonders gefährlich sieht er nicht aus,« schlug Lutz vor, der im Monat zuvor seinen Schwimmkurs mit Auszeichnung bestanden hatte. Auch seine Idee war gut, hatte jedoch keine allzu große Chance, umgesetzt zu werden. Schließlich galt es, mehrmals täglich den Fluss zu überqueren und dabei die gesamte Ausrüstung mitzuschleppen.

»Was haltet ihr davon, eine stabile Brücke zu bauen?«, meinte Opa. »Prima! Genau so habe ich mir unsere Arbeit auf Technikon vorgestellt!«, rief Leonie begeistert. »Das ist ja richtig spannend!« »Dann sind wir uns also einig?«, fragte Oma und lächelte in die Runde. Rabine krähte laut und fröhlich, als wollte sie sagen: »Baut ihr nur eure Brücke! Für mich stellt dieser Fluss kein Problem dar. Ich breite einfach meine Flügel aus und fliege hinüber.«

Forscherfragen

- Wo gibt es in unserer direkten Nachbarschaft Brücken?
- Aus welchem Grund sind sie gebaut worden? Welchen Nutzen/welche Aufgaben erfüllen sie?
- Aus welchem Material (z. B. Holz, Stahl, Beton oder Stein) sind sie gebaut?
- Welche Unterschiede lassen sich in der Konstruktion feststellen?

- Können wir diese Brücken nachskizzieren/nachbauen?
- Welche Brücke ist wohl die stabilste? Hast du/habt ihr eine Idee, wie wir dies überprüfen könnten?
- Warum, denkst du/denkt ihr, tauchen bei einer Fachwerkbrücke immer Dreieckskonstruktionen auf?
- Was passiert, wenn wir die Dreiecke durch Vierecke, z. B. durch Quadrate oder Rechtecke, ersetzen?
- Können wir eine stabile Brücke aus Papier bauen?

»Womit fangen wir an?«, fragte Lutz. »Zunächst einmal vermessen wir das Tal, um zu erfahren, wie groß die Spannweite unserer Brücke sein muss«, schlug Opa vor. »Dann baut jeder ein maßstabgerechtes Modell seiner Wunschbrücke. Anschließend testen wir die vier Modelle und entscheiden, welches von ihnen wir auswählen.«

Gesagt, getan. Alle vier machten sich an die Arbeit. Gemeinsam maßen sie das Tal aus, und schon ging es an den Modellbau. Es wurde gehämmert, geschraubt, geklebt und gesägt. Schnüre wurden verspannt und kleine Steine übereinandergelegt. Omas Balkenbrücke stellte sich als das schönste Modell heraus. Leider jedoch knickte es ein, als Lutz mit einem größeren Stein die Belastungsfähigkeit überprüfen wollte. Leonies Brücke aus Balken und Steinen wirkte stabiler, die Brückenpfeiler sahen jedoch nicht besonders vertrauenerweckend aus. Opa und Lutz hatten zwei interessante Modelle konstruiert: eine Hängebrücke und eine Bogenbrücke. Nach kurzer Überlegung entschieden sich die vier für ein gemischtes Modell, bei dem nahezu alle guten Ideen mit einfließen konnten.

Brückenbau

Der Bau von Brücken eignet sich in ganz besonderer Weise, um statische Gesetzmäßigkeiten zu entdecken. Das Ziel sollte dabei sein, verschiedene Modelle einer möglichst tragfähigen, stabilen Brücke mit einer angemessenen Spannweite zu bauen.

Materialien

- dünne und dicke Pappe
- Klopapierrollen
- Papier
- gleichartige Bücher und Schachteln, z. B. leere Streichholzschachteln
- eventuell Klebstoff

Durchführung

Brückenmodelle lassen sich ganz unterschiedlich umsetzen. Hier ist Kreativität gefragt!
Beim Brückenbau steht das entdeckende, forschende Lernen ganz im Vordergrund. Das Material und die Aufgabenstellung besitzen in Verbindung mit der Vorlesegeschichte einen solch großen Aufforderungscharakter, dass die Kinder in aller Regel mit größter Motivation ans Werk gehen und ganz eigene Ideen einbringen. Deshalb soll an dieser Stelle auf einen »Prototyp« verzichtet werden. Die nebenstehenden Abbildungen können jedoch Orientierung bieten. Aus den Belastungstests, die die Brücken über sich ergehen lassen müssen, ergeben sich stets weitere Forscherfragen, die wiederum experimentell überprüft werden können.

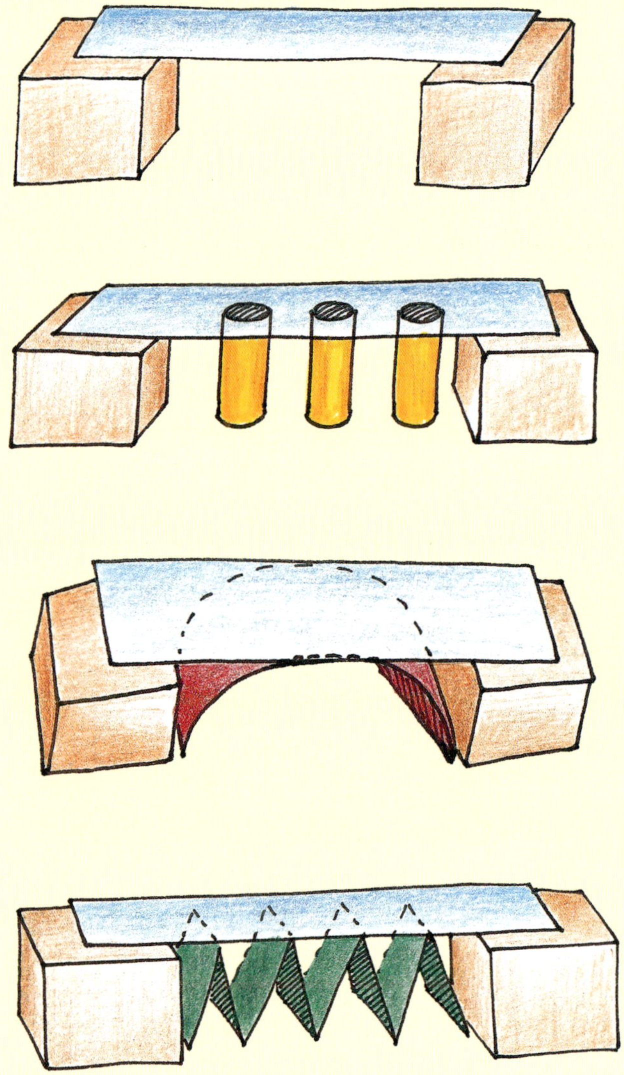

Hinweis: Die Bild- bzw. Konstruktionsideen für diese vier Brückenmodelle haben wir mit freundlicher Genehmigung dem Buch »Technik im Sachunterricht begreifen« von Klaus Klein, Mark Winter und Karin Engel, Schneider Verlag Hohengehren, 2002, entnommen.

Ein Haus auf Technikon

Zwei Wochen lang dauerten die Bauarbeiten. Doch die Schufterei lohnte sich, denn von nun an war es nicht mehr schwer, den breiten Fluss zu überqueren. Als Leonie, Lutz, Oma und Opa das erste Mal über die selbst gebaute Brücke gingen, flatterte Rabine vergnügt über ihre Köpfe hinweg auf die andere Seite und krächzte ihnen vom anderen Ufer aus einen Willkommensgruß entgegen.

Jetzt gab es täglich neue Erkundungsexpeditionen. Diese kosteten sehr viel Kraft, galt es doch, die schwere Ausrüstung morgens und abends über die Brücke zu tragen. Bereits nach wenigen Tagen wurde diese Arbeit für Oma Liesel zu anstrengend.

»Ich schaffe das nicht mehr«, klagte sie und setzte ihre Gepäcktasche ab. »Wäre es nicht besser, wir würden unser Lager auf der anderen Seite des Flusses aufbauen? Wir hätten es doch viel einfacher!«, schlug sie vor. Opa wischte sich den Schweiß von der Stirn und nickte zustimmend.

Leonie ging noch einen Schritt weiter: »Erstens ist diese Schlepperei für uns alle viel zu anstrengend, und zweitens nervt mich die enge Raumkapsel. Wir haben kein richtiges Bad, keine Küche, kein bequemes Bett, kein Wohnzimmer, nicht einmal ein kleines Eckchen, um auch einmal ungestört allein sein zu können. So sehr ich euch alle mag, ich brauche mehr Platz für mich.« »Genau!«, bekräftigte Lutz. »Ich weiß gar nicht, wo ich meine Spielsachen und meine Kleidung verstauen kann.« Rabine schien das Thema »Wohnen« einerlei zu sein. Sie hatte sich einen Baum neben der Raumkapsel als Schlafplatz ausgesucht und war mit ihrer neuen Unterkunft sehr zufrieden. »Da hilft nur eines«, stellte Oma fest, »wir müssen uns ein Haus bauen!« »Da gibt es aber eine Menge zu bedenken!« meinte Opa Willy. »Ja, da hast du recht«, stimmte Oma Liesel zu. »Erinnerst du dich noch an die Zeit, als wir unser Haus auf der Erde gebaut haben? Das war sehr aufregend und auch ziemlich teuer.« »Ich erinnere mich gut daran«, nickte Opa. »Wir mussten zum Bauamt gehen, um im Flächennutzungsplan nachzuschauen, wo wir überhaupt bauen dürfen. Man kann ja nicht einfach irgendwo ein Haus hinstellen, wo es einem gerade gefällt. Das wäre unter Umständen schlecht für die Umwelt! Hier auf Technikon gibt es solch einen Plan nicht. Alles, was wir bauen, stellt einen Eingriff in die Natur dieses Planeten dar. Wir müssen uns ganz genau überlegen, an welcher Stelle wir unser Haus bauen können, ohne der Umwelt zu schaden.« »Außerdem sollten wir uns genau überlegen, aus welchen Materialien unser Haus bestehen soll«, fiel Oma mit ein. »Wir können Holz, Steine, Lehm, Gras und Torf verwenden, denn diese Materialien gibt es in unserer Umgebung. Beton oder Ziegelsteine werden wir hier garantiert nicht finden.«

»Wie unser Haus wohl geformt sein könnte?«, fragte sich Leonie. »Wir könnten es ja wie einen Turm ganz rund bauen oder quadratisch und mit einem flachen Dach.« »Wie groß wird denn mein Zimmer sein?«, wollte Lutz gleich wissen. »Das sind lauter wichtige Fragen«, meinte Opa. »Vielleicht sollten wir mit einem Vorentwurf beginnen. Jeder darf eine Skizze zeichnen, wie er sich unser neues Zuhause vorstellt. Aus diesen Entwürfen fertigen wir einen Grundriss. Dabei sollten wir natürlich auch darauf achten, dass unser Haus eine gute Wärmeisolation besitzt.« Doch außer Rabine, die ihn aufmerksam beäugte, hörte ihm niemand mehr zu. Schon hatten Leonie, Lutz und Oma Zeichenstifte und Papier herbeigeholt und waren eifrig dabei, ihr persönliches Wunschhaus zu zeichnen. Opa schüttelte den Kopf, strich Rabine übers schwarze Federkleid und machte sich ebenfalls ans Werk. Als alle Pläne fertig waren, gab es gegenseitig einige Verwunderung, denn ihre Hausentwürfe waren sehr unterschiedlich. Leonie wünschte sich einen Turm mit fünf Stockwerken und einer großen Aussichtsplattform. Lutz hatte ein kleines Häuschen mit riesigem Spielplatz drum herum gemalt. Omas Hausentwurf ähnelte eher einem Schloss mit Park, und Opa hatte eine geräumige Holzhütte mit Balkon und Brunnen gezeichnet. Alle Entwürfe wurden bestaunt und miteinander verglichen. Schließlich zeichneten alle gemeinsam einen großen Grundriss, auf dem die besten Ideen verwirklicht wurden.

Nun folgte wochenlange Schwerstarbeit, wobei sich das Robomobil als sehr hilfreich und nützlich erwies. So konnte schon bald das Richtfest gefeiert werden. Rabine verfolgte neugierig das ganze Geschehen. Dabei konnte sie kaum verstehen, warum diese Menschen so viel Energie in den Bau eines Hauses investierten. Auf einem Baum war es doch viel schöner!

Forscherfragen

- Wer hat eine Idee, was ein Richtfest sein könnte?
- Welche Aufgaben, denkst du/denkt ihr, erfüllt ein Flächennutzungsplan?
- Wer erstellt solch einen Plan?
- Was denkst du/denkt ihr, warum wir unsere Häuser möglichst energiesparend bauen sollten?
- Wie können wir beim Bauen Energie sparen?
- Hast du/habt ihr eine Idee, was der Begriff »Wärmedurchgangskoeffizient« bedeuten könnte?
- Kennst du/kennt ihr Materialien, die Wärme gut oder schlecht leiten?

Selbst gewonnene Energie

Der Rohbau ihres kleinen Hauses auf Technikon war fertig, und unsere vier Techniker hatten das Richtfest mit einem Festessen gebührend gefeiert. Als Vorspeise gab es eine heiße Suppe mit Brot, der Hauptgang bestand aus Würstchen mit Kartoffelbrei und Salat, obendrein gab es frisch gebackenen Apfelkuchen mit Schlagsahne. Leider hatte Oma, die für das Festmahl lange gekocht und gebacken hatte, nicht bedacht, dass die Batterien des Raumschiffs nur begrenzt Energie liefern konnten. Als das Festmahl vorüber war und Oma Teewasser erhitzen wollte, funktionierte der Herd nicht mehr! Außerdem konnte das Licht nicht mehr angeknipst werden. Es war auch keine Ersatzbatterie im Raumschiff vorhanden, da sie ja nur das Allernötigste mit an Bord hatten nehmen dürfen. Langsam wurde es dunkel, und die vier Technikon-Pioniere sahen sich ratlos an. Was war zu tun?

»Wir sollten trockenes Holz sammeln und ein Lagerfeuer machen«, schlug Lutz vor. »Das ist eine sehr gute Idee«, rief Opa. »Kommt mit, dort drüben in dem Wald finden wir sicher genügend trockene Äste und Zweige!« Bald hatten die vier genügend Brennholz zusammengetragen, um ein gemütliches Lagerfeuer anzuzünden. »Jetzt bin ich aber froh«, bemerkte Leonie. »Wir müssen heute Nacht nicht frieren, wir haben Licht, und Oma kann endlich ihren Tee kochen.« »Was ist, wenn das Feuer ausgeht und wir nichts mehr sehen können?«, fragte Lutz ängstlich. »Ob es hier auf Technikon wohl gefährliche Tiere gibt?« »Du brauchst keine Angst zu haben«, beruhigte ihn Opa. »Wir passen gut auf dich auf. Außerdem geht gerade der Mond auf, der spendet uns Licht. Und morgen werden wir in den Wald zurückgehen, ich habe an einem Baum einen schönen Bienenstock entdeckt.« »Was haben diese stechenden Biester denn mit uns zu tun?«, wollte Leonie gleich wissen. »Abwarten«, schmunzelte Opa. »Jetzt wird Tee getrunken, dann richten wir uns ein Kissenlager im neuen Haus und schlafen uns aus. Heute ist heute, und morgen ist morgen.«

Am nächsten Morgen ging es gleich in den Wald. Oma und Lutz sammelten Brennholz, Leonie ging mit Opa zu dem Bienenstock, den er entdeckt hatte. Dort angekommen stülpte sich Opa seinen Raumfahrerhelm über den Kopf und machte sich an dem Bienenstock zu schaffen. Da er sich langsam und bedächtig bewegte, waren die Bienen überhaupt nicht wütend, sondern krabbelten neugierig auf ihm herum, während er zwei Honigwaben aus dem Stock heraushob.

Leonie war das Ganze etwas unheimlich. Letzten Sommer war sie von einer Biene in den Arm gestochen worden und hatte seither großen Respekt vor diesen fleißigen Insekten. »Warum tust du das?«, wollte sie wissen. »Jetzt haben wir Honig, und wir haben Wachs, um Kerzen herzustellen«, freute sich Opa. »Ach, so ist das!«, rief Leonie. »Bienen sind wirklich sehr nützliche Tiere.« »Man darf sie nur nicht ärgern«, lachte Opa und stellte noch rasch ein Schälchen mit Zuckerwasser vor den Bienenstock.

Unterdessen hatten Lutz und Oma einen großen Stapel Holz gesammelt, und die vier Techniker machten sich daran, Kerzen herzustellen.

Kerzenziehen 

Die Technik des Kerzenziehens ist seit vielen Jahrhunderten in unserem Raum bekannt und wurde wahrscheinlich von den Römern erfunden. Die Römer verwendeten bereits im zweiten Jahrhundert Kerzen aus Talg, Pech und Bienenwachs.

Materialien

- Wachsreste oder Wachsgranulat aus Paraffin
- Dochte (z. B. spezielle Ziehdochte)
- alte, möglichst hohe Konservendose
- Wärmeplatte
- Kochtopf
- Schnur

Durchführung

Zunächst werden die Wachsreste oder das Wachsgranulat zerkleinert (und gegebenenfalls noch vorhandene Dochtreste entfernt). Dann wird das Wachs in die Konservendose gefüllt.

Die Konservendose mit den Wachsresten wird in einem Kochtopf bei mittlerer Wärme (Nicht kochen lassen!) erhitzt!

Sobald das Wachs geschmolzen ist, wird ein Stück Docht kurz hineingetaucht, um dann gleich wieder herausgezogen zu werden.

Das Wachs wird am Docht abgekühlt und der Vorgang so lange wiederholt, bis die Kerze dick genug ist. Nach und nach kann immer mehr Wachs in den erhitzten Topf gegeben werden. Anschließend wird die Kerze zum Trocknen (z. B. an einer Schnur) aufgehängt. Wenn das Wachs nach einiger Zeit (bitte Geduld haben!) abgekühlt ist, kann die Kerze verwendet werden.

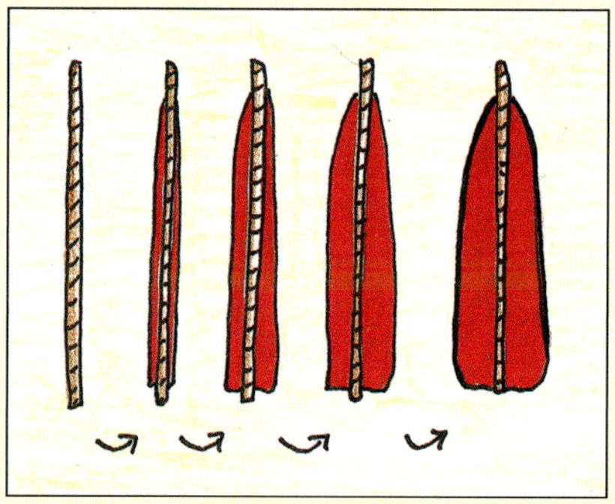

Achtung!

Heißes Wachs kann bei Hautkontakt sehr schmerzhaft sein!

»Super, jetzt haben wir wieder Licht!«, jubelte Lutz. »Und wir können unser Haus heizen«, ergänzte Leonie. »Halt, halt«, unterbrach sie Oma. »Wir wollen im neuen Haus doch Energie sparen. Wenn wir zu viel Holz verbrennen, ist das nicht gerade umweltfreundlich.« »Da hast du recht«, nickte Opa. »Wir müssen uns etwas Besseres einfallen lassen.«

Welche Möglichkeiten gab es für die vier Technikon-Forscher, ihr Haus umweltfreundlich zu gestalten und Energie zu gewinnen?

Forscherfragen

- Können wir die Sonnenwärme einfangen?
- Können wir die Windenergie nutzen?
- Wie können wir die Wasserenergie nutzen, ohne unser Wasser zu verschmutzen?
- Woher kommt die Wärme in deiner/eurer Wohnung?
- Wohin geht die Wärme aus deiner/eurer Wohnung?
- Woher kommt das Wasser in deiner/eurer Wohnung?
- Wohin geht das Abwasser aus deiner/eurer Wohnung?

Grundriss einer Wohnung entwerfen

Wohnen ist ein Grundbedürfnis von uns Menschen, bei dessen Planung es vieles zu bedenken gilt. Fragen etwa nach dem Standort des Bades, der Küche, des Kinderzimmers gilt es ebenso zu beantworten wie die Frage nach der Zimmergröße und der bedarfsgerechten Einrichtung.

Materialien

- Papier und Bleistift
- eventuell eine Schere, um ausgeschnittene Möbelbilder flexibel zu variieren

Durchführung

Es kann sinnvoll sein, zunächst nur *ein* Zimmer zu entwerfen (vgl. Abb.) und dieses einzurichten. Aus der Gestaltung eines einzelnen Zimmers lässt sich organisch die Planung einer ganzen Wohnung bis hin zu einem Haus ableiten und entwickeln. Eventuell schließt sich der Bau eines dreidimensionalen Modells ebenso an wie Überlegungen der Energie- und Wasserversorgung.

Hausbau-Lied

Hausbau-Lied

Wir bauen uns ein schönes Haus
aus Pappe, Holz und Stein.
Dann schauen wir zum Fenster raus
und laden alle ein:
Oma, Opa, Onkel, Tante,
kommt, Geschwister und Bekannte,
Mutter, Vater, tretet ein,
lasst uns alle fröhlich sein!
Bello Hund und Minka Katz,
auch für euch ist genügend Platz!

Beim Grundbuchamt erhalten wir
die Baugenehmigung.
Wir zeichnen auf Spezialpapier
den Grundriss mit viel Schwung:
Mauern, Türen, Fenster, Treppen,
einen Garten rund ums Haus,
Wasserleitung, Stromversorgung,
unser Plan sieht super aus!
Obendrein für Hund und Katz
Hundekorb und Kratzbaum-Platz!

Damit das Haus stabil ist
und uns allen wohl gefällt,
gestalten wir es als Modell
und hoffen, dass es hält:
Wände, Decken, Dachfirst, Ziegel,
Fenster, Türen, Kellerraum,
als Modell ist unser neues
Heim ganz prächtig anzuschaun!
Bello bellt vergnügt: Wau, wau!
Minka schnurrt und macht: Miau!

Die Konstruktion ist uns geglückt,
das Ziel ist bald erreicht,
denn mit dem Werkzeugführerschein
fällt uns das Bauen leicht:
schnurgerade Mauern ziehen,
obendrauf das Dachgestell,
sägen, hämmern, bohren, schrauben,
unser Haus wächst rasend schnell!
Hund und Katz in aller Ruh,
schauen uns beim Hausbau zu.

Der Baum zum Richtfest zeig euch an:
Das Haus, es ist gebaut!
Schon bald können wir Einzug halten,
Kinder, kommt und schaut:
Schränke, Tische, Stühle, Betten,
Teppiche, Gardinen fein,
prall gefüllte Umzugskisten
schleppen wir ins neue Heim.
Bello trägt den Ball ins Haus,
Minka bringt die Spielzeugmaus!

Jetzt wohnen wir in unserm Haus
aus Pappe, Holz und Stein.
Wir schauen froh zum Fenster raus
und laden alle ein:
Oma, Opa, Onkel, Tante,
kommt, Geschwister und Bekannte,
Mutter, Vater, tretet ein,
lasst uns alle fröhlich sein!
Bello Hund und Minka Katz,
auch für euch ist genügend Platz!

Aus Alt mach Neu: Produkt und Produktion

Es dauerte noch einige Zeit, bis das neue Heim schließlich bezugsfertig war. Als der Tag des Umzugs endlich kam, waren alle glücklich. Endlich konnten sie von der viel zu engen Raumkapsel in das neue, geräumigere Haus umziehen!

Fast schien es, als würde sich ihr Leben auf Technikon dem auf der Erde immer ähnlicher gestalten. Und doch fehlte es – abgesehen von Rabine, der es an nichts mangelte – an den allernötigsten Dingen. Allem voran fehlte es an Papier. Beim Beladen des Raumschiffs hatten die vier darauf achten müssen, von allem nur das Nötigste mitzunehmen. Die Raumkapsel durfte ja nicht zu schwer sein. Daher gingen die spärlichen Vorräte, die sie mitgebracht hatten, bald zur Neige. Für die Baupläne hatten sie leider den gesamten Papiervorrat verbraucht. »Oje, zu Hause dachte ich immer, Papier bräuchte ich nur für die Schule. Jetzt muss ich feststellen, dass Papier für viele verschiedene Dinge nützlich sein kann«, jammerte Leonie. »Du hast natürlich recht«, meinte Opa, »Papier bietet viel mehr, als es uns auf den ersten Blick scheint. Wir verwenden es täglich ganz selbstverständlich, meist ohne darüber nachzudenken. Papier kennen wir als Verpackung von Lebensmitteln, als Etikette auf Flaschen, Dosen oder Tuben, als Tapete, Bild an der Wand, natürlich auch als Schulheft, als Zeitung, Karte, Buch, Plakat, als Toilettenpapier – stellt euch einmal vor, wir hätten kein Toilettenpapier! Es gibt unzählige Formen von Spezialpapier, zum Beispiel Backpapier, Pergamentpapier, Löschpapier, Butterbrotpapier, Pappe, Transparentpapier, Aquarellpapier ...« »Oder als Geldscheine!«, rief Lutz dazwischen. »Ganz genau!«, bestätigte Opa.

Leonie, die unterdessen ihr Techniklexikon hervorgekramt hatte, rief: »Hört mal zu! Das ist echt verrückt: *Im Durchschnitt verbraucht jeder Mensch in Deutschland jährlich über 230 Kilogramm Papier. Deutschland gehört zu den größten Papierverbrauchern auf der ganzen Welt.* Überlegt doch einmal, das ist ja mehr als zehnmal so viel, wie Lutz wiegt. Kaum zu glauben! *Das Problem ist*«, las sie weiter, »*dass für die Papierherstellung Bäume gefällt werden müssen, aus denen in großen Fabriken Zellstoff hergestellt wird. Jeder fünfte Baum, der auf der Welt gefällt wird, landet in einer Papierfabrik. Dies hat teilweise dramatische Konsequenzen für die Wälder unserer Erde. Komplette Ökosysteme werden zerstört, um den Papierhunger der Industrienationen zu stillen.*«

»Essen Industrationen Papier?«, fragte Lutz sichtbar beeindruckt. »Was sind Industrationen denn überhaupt?« Oma, Opa und Leonie sahen sich schmunzelnd an. Leonie musste allerdings zugeben, dass sie ebenfalls nicht alles verstanden hatte, außer der Tatsache, dass Papier einerseits ein sehr wichtiges Produkt war, dass andererseits seine Herstellung jedoch weltweit große Probleme verursachte.

»Kinder, ratet doch einmal, wann und wo auf unserer Erde die Papierherstellung erfunden wurde?«, fragte Opa in die Runde, um wieder einmal zu beweisen, dass er über viele Dinge gut Bescheid wusste. »Vor ungefähr 2000 Jahren wurde das Papier in China erfunden. Erst im 13. Jahrhundert wurde es in Europa eingeführt. Zunächst stellten die Menschen Papier aus alten Lumpen her, erst später wurde Holz dafür verwendet. Im Grunde genommen funktioniert die Technik der Papierherstellung auch heute noch ähnlich: Zuerst werden Pflanzenfasern zerrieben und mit Wasser zu einem Brei verrührt. Eine dünne Schicht dieses Breis wird mithilfe eines feinen Siebs entwässert, danach getrocknet, und zurück bleibt ein Blatt Papier.«

»Ach, und diese Pflanzenfasern bestehen aus dem Holz gefällter Bäume?«, wollte Leonie wissen. »Ganz genau«, antwortete Opa, »wobei wir auch andere Fasern, beispielsweise aus Stroh, verwenden können. Ein sehr großes Problem besteht darin, dass wir heutzutage riesige Mengen an Papier verbrauchen. Bei der Herstellung von Papier werden nämlich sehr viel Energie, Wasser und tonnenweise Pflanzenfasern verbraucht. Betrachten wir die Welt als Ganzes, trägt die Papierherstellung leider massiv zur Verschmutzung unserer Umwelt bei. Oft wird unser Papier auch in den sogenannten Entwicklungsländern hergestellt, die es mit dem Umweltschutz nicht so genau nehmen wie wir.« Lutz gähnte. Opas langwierige Erklärungen hatten ihn sichtlich angestrengt. »Wir sammeln altes Papier in der grünen Tonne«, fiel Leonie ein. »Das ist gut für die Umwelt, denn es kann wiederverwertet werden, und es müssen nicht mehr so viele Bäume gefällt werden.« »Im Kindergarten sammeln wir auch Papier!«, wurde Lutz wieder munter. »Wenn wir wieder auf der Erde sind«, schlug Leonie vor, »könnten wir doch ausschließlich Dinge aus *recyceltem*, also wiedergewonnenem Papier benutzen. Zum Beispiel Malblocks und Schulhefte, Klopapier und Taschentücher ...« »Das machen wir, p a p i e r t!«, rief Lutz dazwischen. »Das ist eine hervorragende Idee«, stellte Oma fest. »Opa zeigt uns jetzt bestimmt, wie wir aus unseren Papierabfällen neues Recyclingpapier herstellen können. Schließlich sollten wir auf Technikon gleich von Anfang an behutsam mit der Natur umgehen!«

Forscherfragen

- Wie oft und in welchen Situationen kommst du/kommt ihr täglich mit Papier in Berührung? Führt eine Merkliste!
- Welches Papier, das du/das ihr benutzt, ist Frischfaserpapier, welches Recyclingpapier?
- Welche Frischfaserpapiere ließen sich durch Recyclingpapiere ersetzen?
- Verbrenne/verbrennt unter Aufsicht von Erwachsenen verschiedene Papiersorten. Brennen alle Papiere gleich gut? Sieht die Asche immer gleich aus?
- Was denkst du/denkt ihr, warum es hier Unterschiede gibt?
- Welche alltäglichen Materialien lassen sich, nachdem sie gebraucht wurden, auch wieder zur Herstellung neuer Produkte verwenden?

Papierschöpfen

Am meisten Spaß macht das Papierschöpfen mit mehreren Kindern im Sommer im Freien. Das hat den Vorteil, dass das Papier in der Sonne und im Wind schnell trocknet und jedes Kind gleich einige Papierbögen mit nach Hause nehmen kann.

Materialien

- ein paar alte Tageszeitungen (fünf oder sechs Stück) oder einige Eierbehälter (10–12 Stück) aus Pappe
- eventuell etwas Papierleim (dieser ist nicht zwingend notwendig, er macht das Papier jedoch glatter und sorgt dafür, dass es später nicht so saugfähig wird)
- einen stabilen Holzrahmen in der gewünschten Papiergröße (das ist der Schöpfrahmen), den wir mit engmaschigem Drahtgitter bespannen
- ein Gefäß mit ca. zehn bis 20 Liter Volumen
- Trockentücher (z. B. alte Handtücher)
- Wäscheleine und Wäscheklammern (zum Aufhängen der Papierbögen)

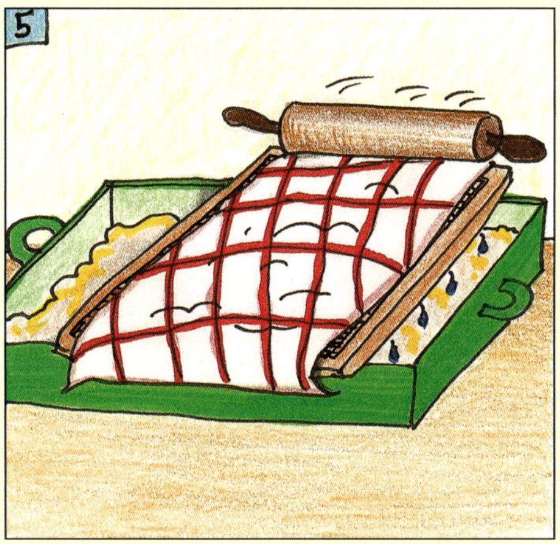

Durchführung

Als erster Arbeitsschritt wird das Altpapier in möglichst kleine Schnipsel zerrissen und in dem Gefäß mit Wasser vermischt und eingeweicht. Dieser Masse kann ein Esslöffel Papierleim zugegeben werden. Der Vorgang des Einweichens und Auflösens kann auch vorbereitend über Nacht durchgeführt werden. Jedenfalls sollte die Masse immer wieder kräftig durchmischt und vermengt werden.

Ist das Papier aufgelöst, wird der Schöpfrahmen in die Masse eingetaucht und etwas davon aus dem Gefäß herausgeschöpft.

An den Drahtmaschen bleiben die im Wasser aufgelösten Teilchen hängen, und das Wasser tropft ab.

Jetzt legen wir das Trockentuch über den mit Papierpampe befüllten Rahmen und drücken das Wasser vorsichtig durch das Sieb. Hierfür können wir auch ein Nudelholz aus der Küche verwenden. Ist dieser Vorgang beendet, drehen wir das Sieb bzw. den Schöpfrahmen vorsichtig um, und die Papiermasse bleibt auf dem Trockentuch liegen.

Der so entstandene neue Bogen kann nun in der Sonne trocknen, während der nächste Papierbogen geschöpft wird.

»Das ist richtig klasse, aus Alt mach Neu«, stellte Leonie fest. Sie schien von den Ergebnissen des Papierschöpfens sichtbar überzeugt zu sein. »Und obendrein macht es auch noch großen Spaß!«

»Ich hätte da übrigens eine Idee, was wir mit unserem selbst hergestellten Papier anfangen könnten«, sagte Oma. »Kommt, ich zeige euch etwas.« Sie nahm einen quadratischen Bogen Papier, legte die gegenüberliegenden Ecken aufeinander und faltete ihn zweimal. Nach einigen weiteren Handgriffen und mithilfe einer Schere und etwas Klebstoff hatte sie rasch ein wunderschönes Schächtelchen hergestellt. »Na, wie gefällt es euch?«, fragte sie. »Wenn jeder von uns 15 Stück herstellt, haben wir insgesamt 60 Schächtelchen und können endlich in unserem neuen Zuhause etwas Ordnung schaffen.«

»Ja, das ist super«, meinte Leonie. »Mich stört schon die ganze Zeit, dass in meinem Zimmer alles so unordentlich herumliegt.« Lutz, Oma und Opa blickten sie verwundert an, denn Leonie fiel nicht gerade durch große Ordnungsliebe auf. »Aber Oma, du musst uns alles noch einmal ganz, g a n z langsam zeigen«, bat Lutz.

Schon ging es an die Arbeit. Oma Liesel zeigte Opa und den Kindern jeden Arbeitsschritt, und nach kurzer Zeit waren alle in der Lage, die Schächtelchen nachzubauen.

Schachteln wie am Fließband

Nahezu alle Gegenstände, die wir täglich benutzen, sind in großen Stückzahlen in Mehrfachfertigung gefertigt worden. Der ökonomische Erfolg dieses Fertigungsverfahrens liegt in der rationellen Aufteilung und Verteilung der einzelnen Arbeitsschritte. Anhand eines einfachen Beispiels lässt sich dies leicht nachvollziehen.

Materialien

- DIN-A4-Papierbögen
- eine Schere
- eventuell Klebstoff

Durchführung

Im Folgenden sind sechs Arbeitsaufträge abgebildet, die sowohl einzeln durchgeführt als auch genau auf sechs Stationen verteilt werden können. (Die erlebten Unterschiede sollten natürlich diskutiert werden.) Falls mehr als ein Kind pro Station arbeiten soll, wäre auszuprobieren, welche Station mit wie vielen Arbeitskräften optimal besetzt wird. Eventuell ist es aber auch günstig, die Produktion in weniger als sechs Stationen aufzuteilen. Am besten, die Kinder optimieren das selbst.

1. Station

Bei dieser ersten Station werden die Faltlinien entsprechend dem Plan übereinandergefaltet und dann wieder aufgeklappt.

2. Station

Nun werden die Ecken auf die gegenüberliegenden Seiten gelegt, gefaltet, um dann wieder aufgeklappt zu werden. Bitte darauf achten, dass die Kanten beim Faltvorgang immer exakt aufeinander liegen.

3. Station

An der oberen und unteren Hälfte des Papierbogens werden nochmals jeweils zwei Faltlinien entsprechend dem Plan angebracht. Sie sollten den gleichen Abstand haben wie die Faltlinien rechts und links. Alles wird wieder aufgeklappt.

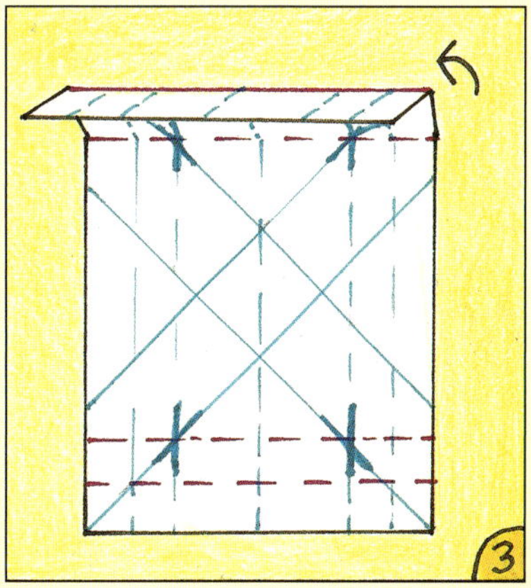

4. Station

Oben und unten wird das Papier mit der Schere entsprechend dem Plan rechts und links eingeschnitten.

5. Station

Diese eingeschnittenen Seitenflächen werden entsprechend dem Plan umgelegt und hochgestellt.

6. Station

Die beiden längeren Seitenflächen werden darübergelegt und eventuell festgeklebt.

Schon nach der vierten Schachtel fing Lutz an zu jammern. »Oje, hört das denn gar nicht mehr auf?«, fragte er. »Ich muss schon sagen, mir geht das auch zu langsam voran«, unterstützte ihn Opa. »Passt auf, ich habe da eine Idee. Wir könnten doch unseren Produktionsstil ändern.« »Unseren wie bitte?«, unterbrach ihn Lutz. »Ich rede von der Art und Weise, wie wir die Schächtelchen herstellen. Das nennt sich Produktionsstil«, erklärte Opa. »Bisher hat jeder von uns seine Schächtelchen vom ersten bis zum letzten Arbeitsschritt ganz alleine hergestellt. Solch ein Vorgehen nennt sich übrigens Werkstattfertigung.«

»Wie sollte es denn auch sonst gehen?«, hakte Leonie nach. »Jetzt lass' mich doch erst einmal ausreden!«, rief Opa lachend. »Wir machen das jetzt einmal ganz anders: Wir bilden eine Produktionsschlange. Lutz beginnt mit dem ersten Arbeitsschritt, dem Falten des Papierbogens. Sobald er fertig ist, gibt der den gefalteten Bogen an Oma weiter und faltet den nächsten Bogen. Oma erledigt unterdessen das Zuschneiden des Papiers. Sobald sie damit fertig ist, bekommt Leonie die angefangenen Schachteln zum Zusammenfalten. Das gefaltete Schächtelchen klebe ich zusammen – so dürfte unsere Arbeitsweise viel besser und schneller vonstattengehen. Der Fachausdruck dafür ist ›Fließfertigung‹. Das ist eine gängige Arbeitsweise, wenn es darum geht, größere Mengen eines Produktes herzustellen.«

»Ich denke, jetzt habe ich begriffen, wie das Ganze funktioniert«, rief Leonie begeistert. »Lasst es uns gleich ausprobieren!« Ab sofort gab es Schächtelchen am laufenden Band. Alle hatten den Eindruck, dass ihre Arbeit deutlich schneller voranging als zuvor, und das war es, was sie sich gewünscht hatten.

Leider breitete sich schon nach kurzer Zeit Unzufriedenheit, ja sogar Langeweile aus. Den vier Technikern kam ihre Arbeit sehr eintönig vor. »Das wäre doch etwas für eine Maschine oder einen Roboter, aber doch nicht für uns«, meckerte Lutz. Unsere vier Technikon-Pioniere hatten jedoch ein gemeinsames Ziel vor Augen, deshalb arbeiteten sie tapfer weiter. »Lasst uns ein Lied singen«, schlug Oma vor, und alle stimmten mit ein.

Liedchen über Alternative Energien

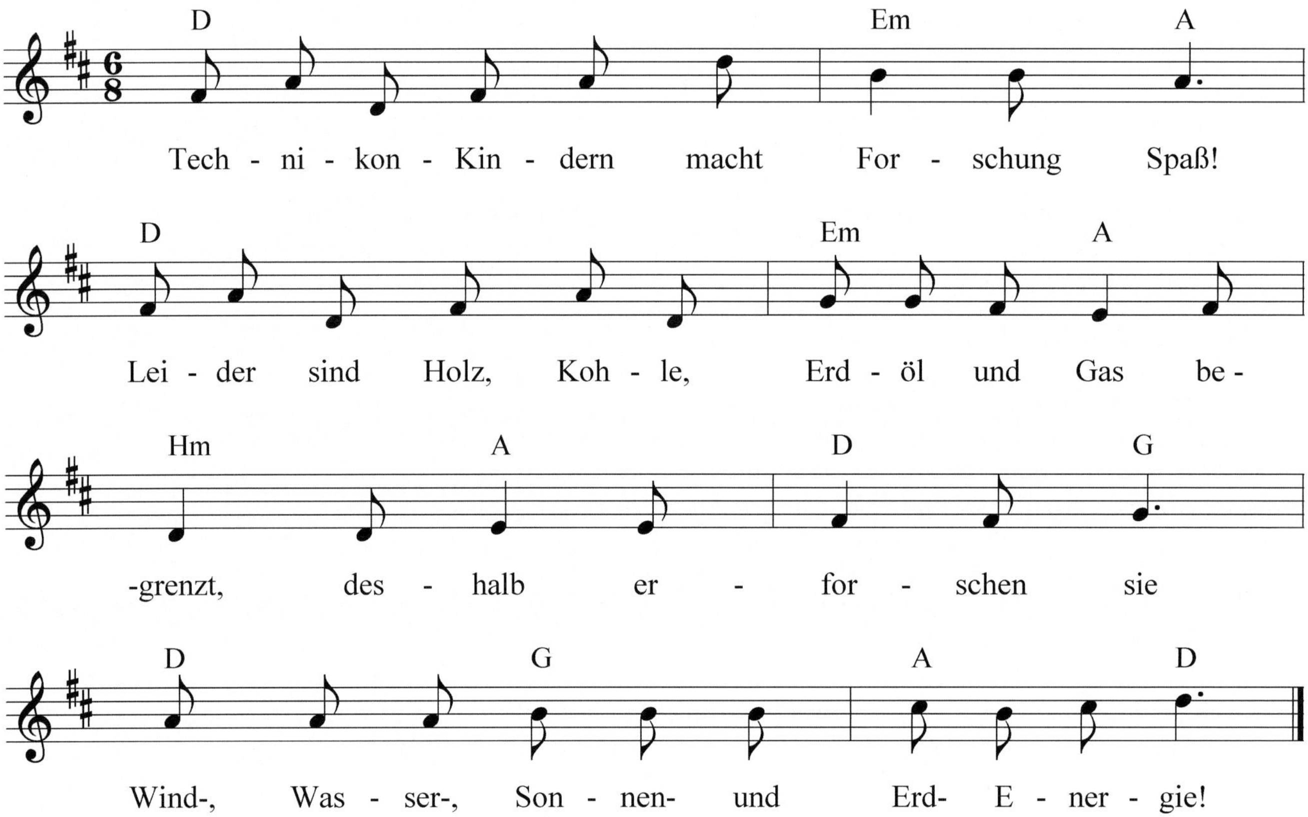

Liedchen über alternative Energien

Refrain:

Technikon-Kindern macht Forschung Spaß!
Leider sind Holz, Kohle, Erdöl und Gas
begrenzt, deshalb erforschen sie
Wind-, Wasser-, Sonnen- und Erdenergie!

Atemluft treibt unser Windrad an,
seht nur, wie schnell es sich drehen kann!
Windräderpark im großen Stil
produziert Strom, fast so viel man will!

Mühlräder drehn sich durch Wassers Stärke,
Turbinen rotieren im Wasserkraftwerke.
Rasch sich drehend liefern sie
Strom aus Wasserenergie!

Solarzellen sind gar praktisch und fein,
sie fangen die Strahlen der Sonne ein!
In Strom umgewandelt erbringen sie
saubere Solarenergie!

In unsrer Erde der Magmakern
ist glühend heiß wie der Sonnenstern.
Rohre führen die Erdwärme aus
und leiten sie uns direkt ins Haus!

Rinder machen bekanntlich Mist,
was für uns alle sehr praktisch ist.
Stinkender Mist ist zwar kein Spaß,
doch er liefert uns Biogas!

Technikon-Kindern macht Forschung Spaß!
Leider sind Holz, Kohle, Erdöl und Gas
begrenzt, deshalb erforschen sie
Wind-, Wasser-, Sonnen- und Erdenergie!

Bis zum Abend waren schließlich alle 60 Schächtelchen fertig. »Das war eine ganz schöne Plackerei, findet ihr nicht auch?«, fragte Oma. »Aber der Aufwand hat sich gelohnt, denn wir können endlich Ordnung in unserem Haus schaffen. Und Rabine bekommt ab sofort ihr Futter in einem hübschen Schächtelchen serviert.«

Forscherfragen:

- Was denkst du/denkt ihr, welche Produkte eignen sich eher für die Werkstattfertigung, welche für die Fließfertigung?
- Was denkst du/denkt ihr, passiert, wenn bei der Fließfertigung eine Station mit den Arbeiten schneller fertig ist als eine andere?
- Was denkst du/denkt ihr, was passiert, wenn eine Station einmal komplett ausfällt?
- Hast du/habt ihr eine Idee, wie Stillstand bei der Fließfertigung vermieden werden kann?
- Welche Organisationsform der Fertigung ist eintöniger?
- Bei welchem Fertigungsverfahren muss der Arbeitnehmer höher qualifiziert sein?
- Bei welchem Fertigungsverfahren lassen sich Produktänderungen schneller umsetzen?

Finger weg vom Schlappohrschaf!

Am nächsten Morgen erwachte Lutz als Erster. Er reckte und streckte sich, zog sich an und schlich sich aus dem Haus, um ein bisschen auf Entdeckungsreise zu gehen. Rabine beobachtete von ihrem Schlafbaum aus, wie er im Wald verschwand, und flatterte neugierig hinter ihm her. Lutz spazierte durch den Wald, bis er auf eine kleine Lichtung traf. Aber was war denn das? Lutz blieb wie angewurzelt stehen. Auf der Lichtung tummelte sich eine Herde seltsam aussehender Tiere! Sie waren etwa einen Meter hoch, hatten dichtes, wolliges Fell und sahen wie eine Mischung aus Schaf und Ziege aus. Es gab einige Muttertiere mit niedlichen Jungen und ein größeres männliches Tier. Das hatte Hörner und blickte Lutz wachsam entgegen. Ausgerechnet in diesem Moment flog Rabine fröhlich krächzend auf Lutz zu. Das Schlappohrschaf (so hatte Lutz es gleich getauft) senkte seine Hörner und raste auf die Eindringlinge zu, um seine Herde zu verteidigen. Lutz nahm die Beine in die Hand und rannte den ganzen Weg zum Haus zurück. Rabine flog ihm krächzend hinterher.

Kurz vor der Türschwelle stolperte Lutz und fiel der Länge nach hin. Ssst – zerriss dabei sein Raumfahrerspezialhemd! Lutz rappelte sich auf, entkam ins Haus und schlug die Tür zu. »Was ist denn das für ein Lärm?«, beschwerte sich Oma. »Nicht einmal in Ruhe ausschlafen kann ich hier.« »Guten Morgen! Tut mir echt leid«, rief Lutz atemlos. Rums!, donnerte es an die Haustür. Rums! Und wieder: Rums! »So geht das aber nicht!«, wetterte Opa und kam herbeigeeilt, um die Ursache des Lärms auszumachen.

»Lass die Tür lieber zu«, riet ihm Lutz. »Vielleicht ist ein wildes Tier draußen?« »Papperlapapp«, entgegnete Opa, »ich fürchte mich nicht vor wilden Tieren.«

Er öffnet die Tür, und – Rums! – landeten die Hörner des Schlappohrschafs an seinen Beinen. »Autsch!«, rief Opa, packte das Tier jedoch sogleich bei den Hörnern und hielt es fest. »Hallo, wen haben wir denn hier?« »Ein Schlappohrschaf«, erklärte Lutz, und dann erzählte er sein morgendliches Abenteuer.

Leonie und Oma betrachteten das stattliche Tier neugierig. Innerhalb kürzester Zeit gelang es Opa, das kämpferische Schlappohrschaf so weit zu beruhigen, dass dieser nun ruhig dastand und die vier Techniker etwas misstrauisch, jedoch auch voller Neugier beäugte. »Das hat aber ein schönes Fell«, stellte Oma fest. »Lutz, da dein Hemd ja völlig zerrissen ist, könnten wir dir aus dem Fell dieses Bocks einen schönen, warmen Pulli herstellen.« »Ach nein, lass ihn doch bitte leben«, bat Leonie erschrocken. »Wir dürfen doch keinem Lebewesen dieses Planeten Schaden zufügen!« Oma lachte. »Ich will das schöne Tier doch nicht töten«, beruhigte sie. »Wir könnten es scheren, sein Fell wächst ja bald wieder nach. Bringt mir doch bitte meine Schere.«

Opa kraulte das Schlappohrschaf am Hals, Lutz fütterte es mit frischen Grashalmen, Oma schor ihm vorsichtig das Fell, und Leonie staunte nicht schlecht, als unter der dichten Wolle ein schmales, drahtiges Tier zum Vorschein kam. Das Schlappohrschaf ließ sich die ungewohnte Behandlung erstaunlich ruhig gefallen. Genüsslich verspeiste er die feinen Gräser und Gemüsestücke, die Lutz ihm hinhielt. Nachdem es geschoren worden war, schüttelte es sich kurz, wunderte sich darüber, dass sich sein Fell plötzlich so leicht anfühlte, und trabte mit einer saftigen Karotte im Maul zu seiner Herde zurück.

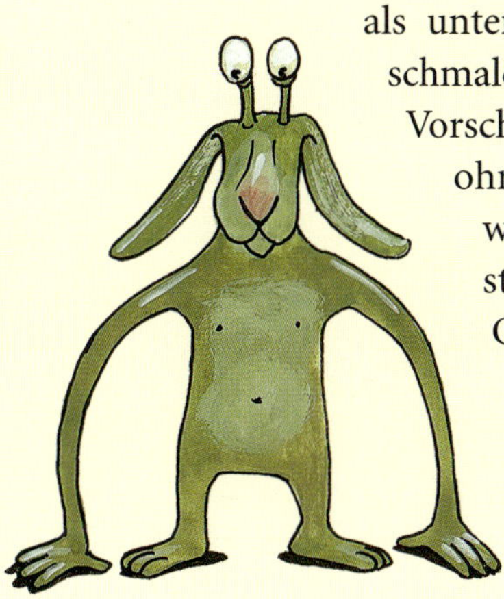

»Prima!«, rief Oma. »Jetzt zeige ich euch, wie aus dieser Rohwolle ein Pulli wird.« Sie wusch die zerfilzte, fettige Wolle mehrmals in warmer Seifenlauge und ließ sie gut trocknen. Dann striegelte und kämmte sie sie so lange, bis sie schön weich und glatt aussah. Aus einem Stückchen Holz schnitt Opa eine Spindel zurecht. Oma zupfte die Wolle lang und begann, sie zu einem dünnen, langen Faden zu drehen. Den Faden wickelte sie auf der Spindel auf.

»Jetzt brauche ich nur noch zwei Stricknadeln, und schon kann ich Lutz einen Pulli stricken«, sagte sie. »Genial«, staunte Lutz. »Ich kann dir ja beim Stricken helfen«, bot sich Leonie an, »dann geht es schneller voran. So haben wir schon wieder eine kleine Fließfertigung.« »Tüchtig, tüchtig«, lobte Opa. »Ich werde euch gleich zwei Paar Stricknadeln schnitzen.«

Webearbeit Wandbild/Fensterschmuck

Materialien

- fester Karton bzw. Holzleisten (⇨ Rahmen)
- Wollreste, Bindfaden oder festes Garn für den Längsfaden
- Wollreste, längs gerissene Stoffreste, Naturmaterialien (z. B. stabile Gräser, kleine Ästchen, Fasern), Geschenkbänder, Märchenwolle, Filzstreifen oder andere Webmaterialien
- Naturmaterialien als »Eyecatcher« (z. B. Muschel, Nuss, Ästchen, Gras, Perle)

Durchführung

Aus festem Karton oder aus Holzleisten wird ein kleiner Rahmen gebaut. Der Längsfaden, bestehend aus Wollresten, Bindfaden oder festem Garn, wird mit Klebeband am Rahmen festgeklebt (oder umwickelt diesen direkt) und gespannt.

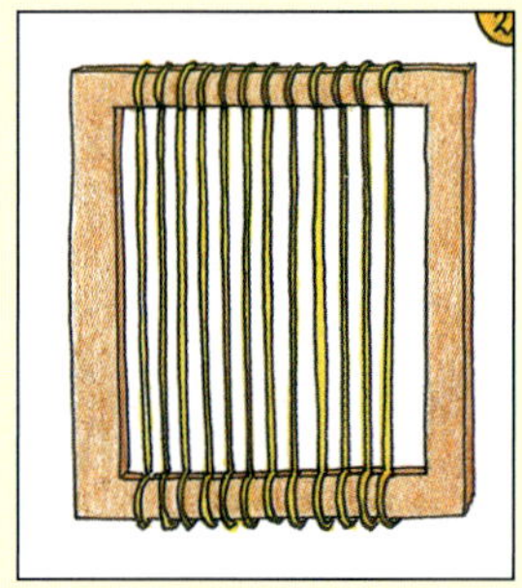

Gewebt wird nun quer zu diesem Faden mithilfe von Wollresten, längs gerissenen Stoffresten oder Naturmaterialien. Auch Geschenkbänder, Märchenwolle oder Filzstreifen sind möglich.

Als zusätzlicher »Hingucker« könnten Naturmaterialien an der Webarbeit befestigt werden (z. B. Trockenblume, Muschel, Nuss, Ästchen, Gras oder eine Perle). Zusammen mit dem Rahmen kann die Webarbeit an der Wand oder am Fenster aufgehängt werden.

Klebearbeit Figurenbild

Materialien:

- weißes Papier
- bunte Filzplatten (Bastelbedarf)
- Pappkarton
- Klebstoff
- Bänder, Wollreste, bunte Flicken, Märchenwolle oder Naturmaterialien (z. B. Muscheln, Gräser, Trockenblumen, Bast)

Durchführung

Zunächst wird eine Figur skizziert. Im Hinblick auf die Geschichte könnte das z. B. ein Schlappohrschaf, Lutz, Leonie, aber auch ein Raumschiff sein. Aus bunten Filzplatten wird die entsprechende Form ausgeschnitten. Auf einen stabilen Untergrund (am besten Pappkarton) werden die Filzplattenteile jeweils auf- und übereinandergeklebt. Das so entstandene Bild kann ausgeschmückt werden mit aufgeklebten Bändern, Wollresten, bunten Flicken, Märchenwolle oder Naturmaterialien (z. B. Muscheln, Gräser, Trockenblumen, Bast).

Beispiele für Klebebilder

- Lutz: Grundform eines Jungen (rennend) ausschneiden und aufkleben
- Kleidungsstücke ausschneiden und aufkleben
- aus Wollresten oder zurechtgezupfter Märchenwolle Haare aufkleben
- Schlappohrschaf ausschneiden (Kopf, Rumpf, Beine, Hörner) und aufkleben
- mit Wolle oder Fellresten bekleben
- Gesichter jeweils extra auf Papier malen, ausschneiden und aufkleben (Lutz: Augen, Nase, Mund/Schlappohrschaf: Augen, Schnauze, Ohren)

Über Stock und Stein

Für den kommenden Tag war in aller Frühe eine Erkundungsfahrt geplant. Leonie, Lutz, Oma und Opa waren zwar noch etwas müde von der vielen Arbeit des vorherigen Tages, ihre Neugierde, mehr über den Planeten Technikon in Erfahrung zu bringen, half ihnen jedoch, schnell munter zu werden.

Das Robomobil bewährte sich bei der Expedition ganz hervorragend. Die Ansprüche an das Automobil waren hoch, denn auf Technikon gab es keinerlei Straßen, und die vier Pioniere mussten querfeldein fahren. Die Fahrt ging über Stock und Stein, das Robomobil kämpfte sich steile Hügel hinauf und hinunter, und die vier Fahrgäste wurden auf ihren Sitzen hin und her geschüttelt. Doch ihr selbst entwickeltes Fahrzeug war stabil und trotzte allen Anforderungen, die der unbearbeitete Boden Technikons ihm abverlangte.

Rabine war voll in ihrem Element. Sie hockte vor Opa, der das Fahrzeug steuerte, auf dem Lenkrad und krächzte vor Vergnügen, wenn sie alle gemeinsam über einen Stein holperten und durchgeschüttelt wurden. Das Robomobil hatte ein offenes Verdeck, und wenn Opa eine Kurve fahren musste, flatterte Rabine über seinen Kopf hinweg ins Freie und vollführte dort ihre Flugkünste. Immer wieder jedoch kam sie zurück, landete auf dem Lenkrad und schlug fröhlich mit den Flügeln, als wollte sie sagen: »Ist es nicht wunderbar auf Technikon?« Das fanden die vier Technikon-Pioniere auch, denn der Planet war unbeschreiblich schön. Er schien von jeglicher Zivilisation unberührt, und solch atemberaubende Naturlandschaften hatten die vier Erdenbewohner noch nie zuvor gesehen. Keine Häuser, keine Einkaufsmärkte, keine Fabriken, keine Hochhäuser, keine durch Straßen und Schienen zertrennten Landschaften, keine Hochspannungsleitungen, keine Äcker und Felder, keine begradigten Flüsse ... Alles wirkte unberührt und vollkommen. Für die unzähligen Tiere, die hier lebten, war dies offensichtlich das Paradies, und unsere Pioniere staunten über die vielen verschiedenen Tierarten, die ihnen auf ihrem kleinen Streifzug durch die Natur begegneten.

Wohin mit dem Abwasser?

»Stellt euch einmal vor«, sagte Opa, während er das Robomobil um einen tiefen Wassergraben herumlenkte, »um in Deutschland alle Haushalte mit Wasser zu versorgen, sind über 346 000 Kilometer Leitungsrohre notwendig! Das entspricht einer Strecke, die ungefähr achtmal um die ganze Erde reicht.« »Das kann ich mir nun wirklich nicht vorstellen«, entgegnete Lutz kopfschüttelnd.

»Ich gebe zu, es ist nicht leicht, sich von solch einer Riesenstrecke ein Bild zu machen«, fuhr Opa fort. »Stell dir vor, die Abwasserleitungen sind sogar noch länger! Und ganz unglaublich lang sind unsere Stromleitungen. In einer Länge betrachtet, wären sie sogar 1 642 000 Kilometer lang! Solch ein langes Kabel könntet ihr über 40 Mal um die Erde wickeln.« »Das ist ja irre!«, rief Leonie aus. »Das ist fast ebenso schwer zu glauben wie die Tatsache, dass du dir solche Zahlen merken kannst«, staunte Oma. »Ich jedenfalls kann das nicht.« »Ich habe bei meinem Plan für unser Haus überhaupt nicht daran gedacht, dass wir auch für unser Haus Abwasserleitungen benötigen«, stellte Leonie verdutzt fest. »Aber das ist unbedingt nötig!« ereiferte sich Opa. »Überlege doch nur, wohin unser Regenwasser auf der Erde verschwindet!« »Das versickert einfach im Boden oder fließt in den Gulli«, antwortete Lutz an Leonies Stelle. »Aber wohin fließt es dann?«, dachte Leonie seinen Gedanken weiter. »Es ist ja nicht einfach weg, nur weil wir es nicht mehr sehen.« »Richtig«, fuhr Opa fort. »Von dort aus sickert es in tiefere Erdschichten, wo sich das Grundwasser befindet, oder es fließt in die Kanalisation. Dort sammelt sich auch das Abwasser aus unserer Toilette, aus der Geschirrspülmaschine, der Waschmaschine, der Badewanne, der Küche ...«

»Puh, das gibt ja eine richtig schmutzige, stinkende Brühe! Igitt!«, rief Lutz und rümpfte die Nase. »Ja, Lutz, dieses Abwasser ist nicht gerade appetitlich«, meldete sich Oma zu Wort. »Deshalb müssen wir uns auf Technikon von Anfang an darum kümmern, unser Abwasser zu reinigen.« »Wie soll das denn gehen?«, fragte Leonie. »Genau«, fiel Lutz mit ein, »wir können unser dreckiges Wasser doch nicht einfach schrubben oder waschen!« »Waschen nicht«, lachte Opa, »aber es gibt Techniken, die uns helfen, verunreinigtes Wasser zu reinigen. Auf der Erde geschieht dies in der Kläranlage. Dorthin wird das Wasser aus der Kanalisation geleitet und in drei Stufen gereinigt: mechanisch, chemisch und biologisch. Übrig bleibt sauberes H_2O – so nennen übrigens Chemiker das Wasser.« »Oje, das klingt ja furchtbar kompliziert«, seufzte Leonie. »Aber es ist doch auch sehr interessant, außerdem ist es für uns und für den Planeten Technikon sehr wichtig«, entgegnete Oma. »Kommt, ich zeige euch, wie die erste Stufe, die mechanische Reinigung, funktioniert.«

Die Wasserreinigung

Schmutziges Wasser lässt sich schlecht waschen. Doch wie wird es dann wieder sauber?

Materialien

- ein Glas mit Deckel (z. B. ein leeres Gurkenglas)
- Materialien zum Verunreinigen des Wassers (z. B. grobe und feinere Erde, Grasreste, Blätterreste, kleine zerriebene Holzteilchen, sehr kleine Steine)
- grober Kies
- feiner Kies
- Sand
- Kaffeefilter
- ein oder mehrere Siebe

Durchführung

1. Zu Beginn wird das Glas mit Wasser und »Schmutz« nicht ganz voll befüllt und in geschlossenem Zustand kräftig durchgeschüttelt. Es entsteht eine sehr dreckige Brühe.

2. Während im Anschluss daran das Glas ein paar Minuten ruhig stehen gelassen wird (dabei setzen sich die schweren Partikel) kann die Zwischenzeit zum Reinigen bzw. Waschen des Filterkieses und des Sandes mit klarem Wasser genutzt werden (am besten unter der Brause; das Filtermaterial selbst sollte nichts zur Verunreinigung beitragen).

3. Nun beginnt der Filtervorgang in verschiedenen Stufen. Zunächst wird das Schmutzwasser langsam über den groben Kies geleert, dann über den feinen.

4. Schließlich wird die zunehmend klarere Brühe im Kaffeefilter mit dem Sand endgefiltert.

Tipp

Besonders anschaulich wird der Reinigungsvorgang, wenn wir nach jeder Filterstufe ein wenig Schmutzwasser zu Vergleichszwecken aufbewahren.

Achtung

Auch wenn das Wasser im Anschluss an das Reinigungsverfahren wieder trinkbar aussieht, sollte dies unbedingt vermieden werden, da es noch gesundheitsschädliche Keime enthalten kann.

»Nur trinken solltet ihr dieses Wasser nicht, auch, wenn es schon wieder richtig appetitlich aussieht«, warnte Oma. »Wir haben es noch nicht abgekocht. Es könnte sein, dass es noch unsichtbare Stoffe oder auch für uns Menschen schädliche Bakterien oder Viren enthält.«

»Ach, so ist das!«, rief Leonie. »Wir haben dieses Wasser zwar mechanisch gereinigt, aber die biologische und chemische Stufe der Reinigung fehlen noch«, fügte Oma hinzu. Rabine stippte ihren Schnabel ins Wasser und trank, wie sie es immer zu tun pflegte, ohne sich um die Sorgen der empfindlichen Menschen zu kümmern.

Forscherfragen

- Was kostet ein Kubikmeter Wasser bzw. Abwasser?
- Was bedeutet ein Kubikmeter Wasser?
- Hast du/habt ihr schon einmal ein Wasserwerk besucht?
- Woher kommt das Wasser im Wasserwerk in eurer Nähe?
- Wie könnt ihr zu Hause Wasser sparen?
- Hast du/habt ihr eine Idee, wie wir das Regenwasser nutzen könnten?
- Wie viel Liter Wasser verbraucht ein Bad in der Badewanne, unter der Dusche, eine Toilettenspülung oder eine Wäsche mit der Waschmaschine?
- Wie viel Liter Wasser wird für die Produktion eines Baumwoll-T-Shirts benötigt? Wie viel Wasser braucht man zur Produktion eines Kilogramms Kaffee, eines Kilogramms Weizen oder einem Kilogramm Rindfleisch?
- Hast du/habt ihr schon einmal eine Kläranlage besucht?
- Hast du/habt ihr eine Vorstellung, was mit dem Wasser passiert, welches in den Kläranlangen gereinigt wurde?
- Was, denkst du/was denkt ihr, könnten die Begriffe mechanisch, chemisch und biologisch bedeuten?
- Hast du/habt ihr eine Vorstellung, was Bakterien und Viren sind?

»Für mich kam unser sauberes Wasser bisher einfach nur aus dem Wasserhahn«, sagte Leonie nachdenklich. »Ich habe mir noch nie überlegt, auf welch komplizierten Wegen es zu uns ins Haus kommt.«

»Für sehr viele Menschen auf unserer Erde kommt das Wasser leider nicht aus dem Wasserhahn«, erklärte Oma. »An jedem einzelnen Tag, also auch heute, sterben weltweit 5000 Kinder an Wassermangel. Über eine Milliarde Menschen haben keine sichere Trinkwasserversorgung, und etwa jeder dritte Mensch leitet sein Abwasser ohne jede Reinigung zurück in den Boden, in die Flüsse und Seen oder ins Meer. Tatsächlich ist sauberes Wasser auf unserer Erde mittlerweile selten geworden.« »Das ist ja schrecklich!«, rief Lutz.

»Warum ist das denn so?« »Tja, das hat verschiedene Ursachen, und leider tragen wir Menschen zum größten Teil die Schuld daran«, erklärte Oma weiter. »Ein Grund ist beispielsweise, dass es mittlerweile unglaublich viele Menschen auf unserem Planeten gibt, die alle etwas zu essen benötigen. Die vielen Pflanzen wie Getreide, Gemüse, Salat und Obst, die deshalb in der Landwirtschaft angebaut werden, müssen bewässert werden. Dazu wird unser sauberes Wasser verwendet.« »Und dann müssen sich doch auch alle Menschen waschen, und sie müssen trinken«, ergänzte Leonie. »Und das ist nur ein Grund von vielen«, wusste Opa. »Unsere nahezu unbegrenzte Beweglichkeit oder Mobilität, unser unersättlicher Hunger nach Energie und der damit verbundene CO_2-Ausstoß, daraus folgend die Erwärmung des Planeten und der Klimawandel, tragen ebenso zur Wassernot auf unserer Erde bei.« »Das ist ja verrückt, wie alles miteinander zusammenhängt!«, rief Leonie. »Auf gar keinen Fall dürfen wir zulassen, dass so etwas auf Technikon passiert. Was können wir tun?« »Wir müssen uns auf erneuerbare Energieformen stützen«, bekam sie zur Antwort. »Was ist denn das schon wieder?«, fragte Lutz. »Ich verstehe nur Bahnhof.«

Gerade als Opa ihnen die Technik von Wind- und Sonnenenergie, Wasserkraft, Biomasse und Erdwärme erklären wollte, klingelte das Handy. Alle erschraken, denn natürlich konnte es auf einem unbewohnten Planeten keinen Handyempfang geben!

»Es ist eine sms!« rief Lutz. »Tatsächlich, eine schriftliche Nachricht«, bestätigte Opa kopfschüttelnd. »Von wem kann sie nur sein?« Oma öffnete den Ordner »Kurzmitteilungen empfangen«, und es erschien folgender Text:

»Khdad Adrtbgda tmrdqdr Okzmdsdm …«

Leider war der Akku des Handys fast leer, sodass die Nachricht verschwand. »Was soll denn dieser Quatsch?«, rief Leonie, und auch die anderen waren völlig ratlos. Oma kam die ganze Angelegenheit äußerst seltsam vor. »Womöglich war das gar kein Quatsch, sondern eine verschlüsselte Botschaft?«, rätselte sie. »Das klingt ja total verrückt«, schimpfte Opa. »Dir ist wohl die frische Luft allzu sehr zu Kopf gestiegen?« Oma zog ein finsteres Gesicht. »Sei mir bitte nicht böse«, lenkte Opa da gleich ein. »Diese seltsame Begebenheit hat mich einfach etwas erschreckt, und ich habe überreagiert. Entschuldigung. Lasst uns rasch zum Haus zurückfahren. Dort habe ich einen zweiten Akku. Vielleicht gelingt es uns ja, das Rätsel zu lösen?«

Er lenkte das Robomobil so schnell nach Hause, dass Rabine, die über ihnen herflog, Mühe hatte, das Tempo zu halten.

Forscherfragen

- Hast du/habt ihr eine Idee, woher der elektrische Strom aus unseren Steckdosen eigentlich kommt?
- Was kostet eine Kilowattstunde elektrische Energie?
- Wie viel Kilowattstunden verbraucht deine/eure Familie im Monat?
- Was lässt sich mit einer Kilowattstunde anfangen?
- Fließt im Stromkreis der Strom im Kreis?
- Wie lässt sich ein Stromkreis ausschalten?
- Welche Materialien leiten den Strom, welche nicht?
- Wie lässt sich elektrische Energie speichern?
- Was sind regenerative Energieformen und welche gibt es?

Wir bauen eine Zitronenbatterie 

Der Eigenbau einer Zitronenbatterie (möglich sind auch Kartoffel- oder Apfelbatterien) ist gar nicht schwer und motiviert Kinder, sich vertiefter mit den Erscheinungen und Anwendungen des elektrischen Stroms auseinanderzusetzen.

Materialien

- am besten zwei oder mehr Zitronen (ein Apfel oder eine Kartoffel lässt sich einfach in mehrere Scheiben teilen)
- verschiedene Metalle (am besten Zink- und Kupfernägel oder Münzen), die in die Zitrone gesteckt werden können
- Drähte mit Krokodilklammern
- ein Spannungsmessgerät, möglich ist auch ein Kopfhörer, z. B. eines MP3-Players, oder ein Verbraucher, der wenig Energie benötigt (z. B. eine digitale Uhr)

Durchführung

In die Zitrone stecken wir je einen Kupfer- und einen Zinknagel.

Der Kupfernagel der einen Zitrone wird mit dem Zinknagel der anderen Zitrone (Reihenschaltung der Spannungsquellen) verbunden. Dazu benutzen wir die Drähte mit den Krokodilklammern, falls diese vorhanden sind. Ansonsten wickeln wir den Draht einfach möglichst eng um die Nägel.

Der freie Zinknagel liefert nun einen Minuspol und der freie Kupfernagel einen Pluspol. Wir haben also eine Batterie, deren Funktion sich mittels des Spannungsmessgerätes, eines Kopfhörers oder der digitalen Uhr überprüfen lässt.

Die Spannung der Batterie lässt sich übrigens einfach dadurch erhöhen (falls z. B. die Uhr noch nicht richtig funktioniert), indem wir noch mehr Zitronen in Reihe schalten.

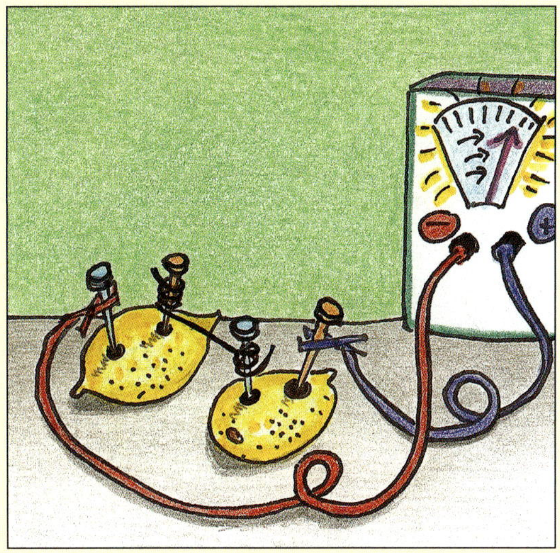

Achtung

Sowohl die Kartoffel als auch die Früchte sind nach diesem Experiment nicht mehr zum Verzehr geeignet, da in ihnen chemische Reaktionen stattgefunden haben, die giftige Verbindungen entstehen ließen!

Robomobil-Lied

Robomobil-Lied

(*auftaktig*)
Ich bin das Robo-Robo-Robomobil!
Steigt alle ein, ich bringe euch schnell ans Ziel.
Bergauf, bergab, über Stock und Stein,
kreuz und quer, lasst mich euer Fahrzeug sein!

Ich funktioniere mit Solarenergie
und bin ein technisches Spezialgenie!
Auf Forschungsfahrten bin ich programmiert,
vier Techniker haben mich konstruiert.

Ich bringe euch durch Wüsten, Schnee und Eis,
mein Motor schnurrt wie ein Kätzchen, zart und leis',
denn ich lade meine Batterie
mit umweltfreundlicher Solarenenergie!

Ich bin das Robo-Robo-Robomobil,
der höchste Berg ist für mich ein Kinderspiel.
Mein System ist ferngesteuert! Drück' auf den Knopf,
schon fahre ich Kurven oder stehe Kopf!

Ich bin das Robo-Robo-Robomobil!
(immer leiser werdend)
Ich bin das Robo-Robo-Robomobil!
Ich bin das Robo-Robo-Robomobil!
Ich bin das Robo-Robo-Robomobil!

Die geheimnisvolle Nachricht: Information und Kommunikation

Kontaktaufnahme mit Hindernissen

Wieder zu Hause angekommen, wechselte Opa den Akku des Handys und Leonie rief die Nachricht erneut ab. Wieder erschienen folgende Zeichen:

Khdad Adrtbgda tmrdqdr Okzmdsdm

gdqykhbg vhkkjnlldm yte tmrdqdl Okymdsdm, cdm hgq hm dtqdq Roqybgd Sdbgmhjnm mdmms. Vhd vhq adldqjs gyadm, jnlls hgq hm eqhdcunkkdq Yarhbgs tmc rdhc rdgq cyqyte adcybgs, tlvdkseqdtmckhbgd Sdbgmhjdm yt udqvdmcdm. Cdrgyka gyadm vhq fdfdm dtqdm Adrtbg ytbg mhbgsr dhmytvdmcdm.

Ahssd ybgsds rnqfezdkshf cyqyte, cyrr hgq tmrdqd Vhdrdm, Vzdkcdq tmc Ektdrrd mhbgs ydqrsndqs ncdq udqrbgltsys, cdmm ykkd Oekymydm, Shdqd tmc vhq rdkars admndshfdm dhmd hmsyjsd Tlvdks. Vhq vtdmrbgdm dtbg dhmdm ymfdmdgldm Ytedmsgyks yte tmrdqdl Okymdsdm.

Chd Sdbgmhjnmr (Lösung auf S. 98)

»Seltsam, seltsam«, sagte Opa kopfschüttelnd, »wenn ich mir den Buchstabensalat so anschaue, kommt es mir durchaus nicht vor, als ob das purer Unsinn wäre. Ich denke, wir haben lediglich Probleme, diese Nachricht zu *decodieren.*« »Was heißt denn das?«, protestierte Lutz sofort. »Es ist ganz einfach. Wenn wir untereinander Informationen austauschen, also miteinander kommunizieren, verständigen wir uns meistens über unsere Sprache, das heißt, wir reden miteinander. Aber nicht nur wir Menschen kommunizieren untereinander, sondern auch Tiere oder Maschinen. Unsere Nachbarn auf der Erde haben doch eine kleine Hündin mit Namen Tati. Erinnert ihr euch?« »Stimmt genau!«, rief Lutz sogleich. »Sicherlich hast du sie auch schon oft bellen gehört?« »Klar«, antwortete Lutz. »Immer wenn sie andere Hunde sieht, bellt sie ganz laut, und die Hunde bellen zurück. Ist das Kommunikation?«

»Sehr gut, Lutz, du hast alles prima verstanden«, lobte Opa und fuhr fort: »Kommunikation läuft übrigens immer nach dem gleichen Muster ab. Dabei ist es ganz egal, ob Menschen, Tiere oder Maschinen miteinander kommunizieren. Es gibt immer einen Sender, der einem Empfänger eine bestimmte Information übermitteln möchte. Dazu *codiert* er die Nachricht, das heißt, er übersetzt die Nachricht in unterschiedlichste Zeichen, Bilder oder Laute. Wir Menschen tun dies meistens in Form von Sprache. Wir senden unsere Nachricht, indem wir sie aussprechen. Der Empfänger muss nur die gleichen Codierungsregeln kennen, dann kann er die Nachricht decodieren. Das bedeutet in unserem Fall, er muss die gleiche Sprache sprechen, dann kann er die Nachricht verstehen. Wie er die Nachricht jedoch letztlich in ihrer Bedeutung interpretiert, das bleibt ihm überlassen.«

Lutz blickte ihn verständnislos an. »Lutz, das ist doch ganz einfach«, versuchte Leonie zu helfen. »Wenn du Lust auf Apfelkuchen hast, sendest du diese Nachricht an Oma, indem du ihr sagst: ›Oma, backe mir bitte einen Apfelkuchen.‹ Du bist also der Sender. Oma empfängt deine Nachricht, sie spricht ja die gleiche Sprache wie du. Und weil sie dich verstanden hat, backt sie dir gleich einen feinen Apfelkuchen.« »Ach, so ist das«, freute sich Lutz, der für sein Leben gern Apfelkuchen aß. »Es gibt verschiedene Kommunikationstechniken – zum Beispiel Rauchzeichen, Trommelsignale, das Dosentelefon, ...«, erklärte Opa. »Ein Telefon aus Dosen?«, fiel ihm Lutz ins Wort. »Wie soll denn das funktionieren?« »Wenn ihr mögt, dann zeige ich es euch.« »Na klar, das klingt spannend!«, riefen Leonie und Lutz im Chor.

Das Dosentelefon

Das Dosentelefon ist ein überschaubares und einfaches Beispiel für eine technisch vermittelte Informationsübertragung.

Materialien

- zwei leere Blechdosen ohne scharfe Kanten (z. B. von Erdnüssen; notfalls scharfe Kanten mit Klebeband überkleben)
- stabiler Bindfaden oder eine dünne Schnur
- zwei Perlen
- ein Nagel
- ein Hammer (möglich ist auch ein Milchdosenöffner)
- Schere

Durchführung

Ein Dosentelefon ist schnell gebaut. Zuerst wird in die beiden Böden der Dosen mittig je ein Loch mithilfe des Hammers und des Nagels geschlagen. Die Löcher müssen gerade groß genug sein, dass die Schnurenden hindurchgezogen werden können. Die beiden Perlen, die nun jeweils an das Schnurende geknüpft werden, verhindern das Herausrutschen des Bindfadens aus dem Doseninnern. Fertig ist das Dosentelefon (alternativ: Anstatt Blechdosen Joghurtbecher verwenden; hier müssen die Löcher jedoch hineingebohrt oder mit einer Nadel oder ein Milchdosenöffner hineingestochen werden).

Beim »Telefonieren« bitte darauf achten, dass der Bindfaden gespannt ist.

Achtung

Durch den gewölbten Boden und die damit verbundene Schwingungsdämpfung eignen sich aufgesägte Getränkedosen nicht so gut als Grundlage für das Dosentelefon wie Konservendosen mit flachem Blechboden.

Kaum war das Dosentelefon fertig, meldete sich erneut das Handy.

Liebe Besucher unseres Planeten,

verzeiht bitte unseren kleinen Fehler, der uns beim Senden der ersten Nachricht unterlaufen ist. Unsere Codierungsmaschine war leider falsch programmiert. Wir mussten unsere Sprache in die eure übersetzen, sind jedoch beim Alphabet immer um genau eine Stelle nach hinten verrutscht! So wurde aus dem A ein Z, aus dem B ein A, aus dem C ein B. Sicher könnt ihr mithilfe dieser Angaben unsere Nachricht nun decodieren?

Es grüßen euch die Technikons

Das war eine Überraschung! Auf dem Planeten Technikon gab es neben all den Tieren und Pflanzen demnach auch noch ganz andere Lebewesen!

Opa schüttelte den Kopf. »Das ist ja unglaublich, wirklich fabelhaft! Die Nachricht der Technikons ist ausgerechnet mithilfe des *Cäsar-Codes* geschrieben, einer uralten Verschlüsselungstechnik. Dass mir das nicht gleich aufgefallen ist ... Gleich zeige ich euch, wie das geht.« Opa griff zu Bleistift, Zirkel und selbstgeschöpftem Papier, um sofort mit der Konstruktion einer »Cäsar-Scheibe« zu beginnen. Leonie, Lutz und Oma sahen ihm neugierig zu, wie er zwei Kreise malte und in diese das Alphabet schrieb. Während er die Kreise ausschnitt und sie mit einer Musterklammer in der Mitte aneinanderheftete, murmelte er vor sich hin: »Dass ich da nicht gleich darauf gekommen bin – ärgerlich, höchst ärgerlich! Der Cäsar-Code ist eine der ältesten Verschlüsselungstechniken. Er wurde benutzt, um geheime Botschaften zu senden, und eigentlich kenne ich das Verfahren ganz genau. Tja, manchmal bin ich wohl etwas zu dusselig, um gleich dahinterzukommen ...«

Lutz und Leonie kicherten in sich hinein. »Wie die Technikons wohl aussehen?«, fragte Oma. »Zum Glück scheinen sie uns wohlgesonnen zu sein.«

»Lasst uns rasch die erste Nachricht decodieren«, schlug Leonie ungeduldig vor. »Hier ist unsere Cäsarscheibe«, rief Opa endlich, und gemeinsam machten sie sich daran, die erste Nachricht der Technikons zu decodieren.

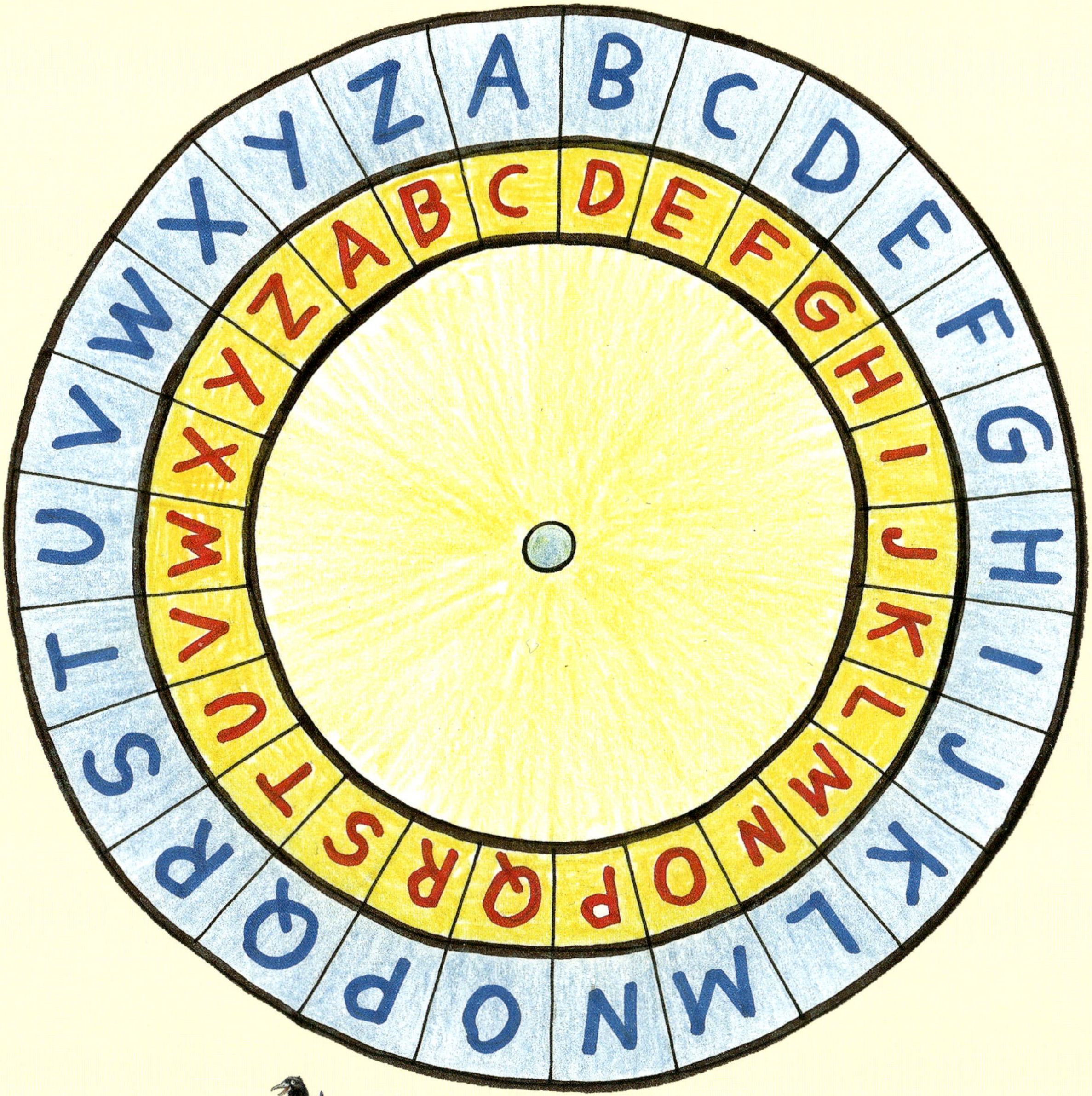

Bau einer Cäsarscheibe 

Die Cäsar-Verschlüsselungstechnik ist ein besonders einfaches und deshalb ein sehr beeindruckendes Verfahren, eine Geheimschrift zu entwickeln. Julius Cäsar benutzte selbst sehr gerne die sogenannte C-Verschlüsselung, also eine Verschiebung des Alphabets um drei Buchstaben.

Materialien

- Zwei Kopien der Vorlage auf S. 97
- eine Musterklammer
- dünne Pappe

Durchführung

Am einfachsten dürfte es sein, wenn die Kinder die abgebildete Vorlage in Form zweier Kopien verwenden. Diese Kopien werden jeweils auf die dünne Pappe geklebt und anschließend kreisrund ausgeschnitten. Bei der zweiten Kopie wird der äußere Rand weggeschnitten. Nun kommen in die Mitte beider Scheiben zwei Löcher. Beide Scheiben werden aufeinandergelegt und (die kleinere auf die größere Scheibe) mittels der Musterklammer miteinander verbunden. Fertig ist die Cäsarscheibe.

Forscherfragen

- Hast du/habt ihr eine Vorstellung davon, warum Lebewesen Informationen austauschen?
- Wenn du etwas wissen möchtest, wie kannst du dich informieren?
- Wie haben die Menschen früher Informationen und Nachrichten übermittelt?
- Wie übermitteln wir heute unsere Informationen und Nachrichten?
- Wie könnte die Zukunft der Informations- und Nachrichtenübermittlung aussehen?
- Welche technischen Geräte besitzt du/ihr zu Hause, um Nachrichten zu empfangen und zu senden?
- Wie können Gehörlose untereinander Nachrichten senden und empfangen?
- Wie können Blinde Nachrichten lesen?
- Wie haben Menschen früher ihr Wissen gespeichert und erhalten?
- Wie speichern und erhalten wir heutzutage unser Wissen?
- Kannst du/könnt ihr versuchen zu erklären, was codieren und decodieren bedeuten?
- Weshalb werden Nachrichten verschlüsselt?
- Kannst du/könnt ihr euren Namen oder auch eine ganze Nachricht im Cäsar-Code verschlüsseln?
- Hast du/habt ihr weitere Ideen, wie Botschaften verschlüsselt werden können?

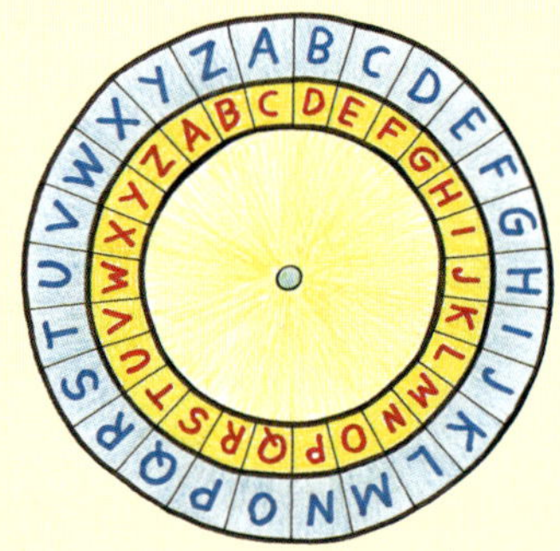

Lösung

Liebe Besucher,

herzlich willkommen auf unserem Planeten, den ihr in eurer Sprache Technikon nennt. Wie wir bemerkt haben, kommt ihr in friedvoller Absicht und seid sehr darauf bedacht, umweltfreundliche Techniken zu verwenden. Deshalb haben wir gegen euren Besuch auch nichts einzuwenden.

Bitte achtet sorgfältig darauf, dass ihr unsere Wiesen, Wälder und Flüsse nicht zerstört oder verschmutzt, denn alle Pflanzen, Tiere und wir selbst benötigen eine intakte Umwelt. Wir wünschen euch einen angenehmen Aufenthalt auf unserem Planeten.

Die Technikons

Das Morsealphabet

Das Morsealphabet, manchmal auch *Morsecode* genannt, wurde im vorletzten Jahrhundert von dem US-amerikanischen Erfinder Samuel Finley Breese Morse (1791–1872) entwickelt und diente lange Zeit zur Übermittlung von Buchstaben, Zahlen und Zeichen, die dann auf der Empfängerseite in Nachrichten übersetzt wurden.

Heute ist diese Methode durch moderne Verfahren der Kommunikationstechnik weitgehend verdrängt worden und findet nur noch dort Anwendung, wo eine Verständigung andernfalls nicht möglich ist. Die Kenntnis der Zeichenfolge des international verstandenen Notrufes »SOS« (*Save our souls*) kann sich indessen auch heute noch als lebensrettend erweisen.

Da der Code selbst nur aus langen und kurzen Signalen besteht (»Striche und Punkte«), kann er auf einfache Weise mittels verschiedener Medien übertragen werden, z. B. mithilfe von Tonsignalen (lange Töne, kurze Töne), Lichtsignalen oder auch mithilfe von Fahnensignalen.

Das im folgenden Kapitel vorgestellte Geschicklichkeitsspiel »Der heiße Draht« lässt sich deshalb auch elegant als Morseapparat umfunktionieren (Punkt: kurz blinken, Strich: länger anhaltend blinken).

Umsetzung

a · -	u · · -
ä · - · -	ü · · - -
b - · · ·	v · · · -
c - · - ·	w · - -
ch - - - -	x - · · -
d - · ·	y - · - -
e ·	z - - · ·
f · · - ·	
g - - ·	1 · - - - -
h · · · ·	2 · · - - -
i · ·	3 · · · - -
j · - - -	4 · · · · -
k - · -	5 · · · · ·
l · - · ·	6 - · · · ·
m - -	7 - - · · ·
n - ·	8 - - - · ·
o - - -	9 - - - - ·
ö - - - ·	0 - - - - -
p · - - ·	
q - - · -	
r · - ·	
s · · ·	
t -	

Wie geht nun SOS? Ganz einfach:

dreimal kurz – kurze Pause – dreimal lang – kurze Pause – und wieder dreimal kurz

Kommunikations-Lied

Kommunikations-Lied

Wir woll'n miteinander leben,
wollen gute Freunde sein.
Lasst uns miteinander reden,
Kommunikation ist fein!

Die Indianer machten Feuer,
um sich besser zu verstehn.
Ihre Räucherzeichen waren
aus der Ferne gut zu sehn.

Ob in Urwald, Busch, Savanne,
weithin trägt der Trommelklang
und verkündet Neuigkeiten,
meist begleitet von Gesang.

Im Gebirge gut zu hören
ist der langen Peitsche Knall.
Lautes Echo trägt die Kunde
über Wiese, Berg und Tal.

Kaiser Cäsar schickte Boten
mit geheimen Briefen fort,
nur die Cäsarscheibe konnte
sie entschlüsseln Wort für Wort.

Lang – kurz – lang erklingen Töne
aus dem Morseapparat.
Strichliste kann schnell entschlüsseln,
was er uns zu sagen hat.

Rrring – das Telefon, es klingelt,
halt den Hörer dir ans Ohr,
weltweit reden kommt uns heute
als ganz selbstverständlich vor.

Ganz modern geht's mittlerweile
bei sehr vielen Menschen zu.
Rundfunk, Fernsehen, Computer
lassen uns nicht mehr in Ruh'.

Feuer, Trommel, Morsezeichen,
Telefon, Computer, Licht –
am schönsten ist das Reden doch
von Angesicht zu Angesicht.

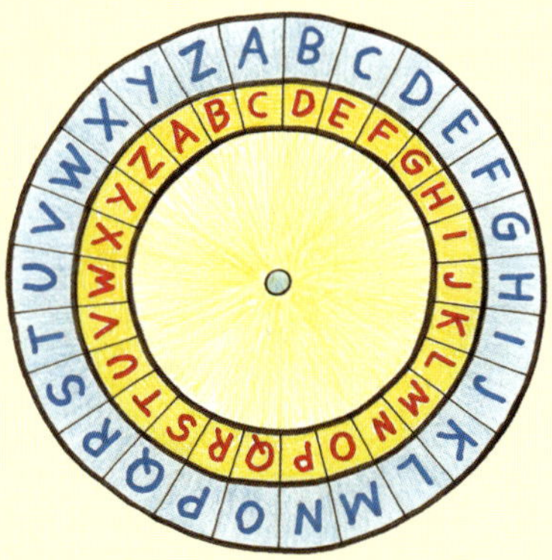

Erholung muss sein: Haushalt und Freizeit

Der Rückflug naht

»Kinder, wie rasch die Zeit doch vergeht«, stellte Oma beim Abendessen fest. »Wir sind glücklich gelandet, haben eine Brücke und ein komplettes Haus gebaut, und die Bewohner des Planeten, die Technikons, haben sogar Kontakt mit uns aufgenommen! Leider müssen wir uns ab heute auf unseren Rückflug vorbereiten. Schon morgen fliegen wir zur Erde zurück.« »Oje, das ist aber traurig«, entgegnete Leonie. »Aber nächste Woche beginnt die Schule. Wenn ich ganz ehrlich bin, ich freue mich sogar darauf, denn wir dürfen dort ab diesem Schuljahr einen Laptop und einen Taschenrechner benutzen.«

»Und ich freue mich auf mein Fahrrad, den Fußball, mein neues Geschicklichkeitsspiel ›Der heiße Draht‹, Eis und Pommes Frites!«, jubelte Lutz. »Ich freue mich auf die Sportprogramme im Fernsehen und auf meine Tageszeitung«, mischte sich Opa ein.

»Ach, wie sehr freue ich mich auf ein warmes Bad in der Badewanne«, schwärmte Oma.

Auch Rabine schien zu fühlen, dass sich ihre Zeit auf Technikon dem Ende näherte. Sie krächzte leise vor sich hin und wirkte etwas traurig. »Ob sie sich wohl auch auf etwas freut?«, fragte Oma besorgt. »Unser Krähenkind schaut ein bisschen bekümmert drein.« »Papperlapapp, selbstverständlich freut sich auch Rabine, wieder zur Erde zurückzufliegen«, behauptete Opa. »Ist euch eigentlich aufgefallen, dass wir uns allesamt auf Dinge freuen, die ohne Technik gar nicht vorstellbar wären? Computer, Bücher, Fahrrad, frische Lebensmittel, Sportgeräte, Zeitung, Fernsehen und Badewanne – das alles wurde durch unsere Technik entwickelt. Selbst unsere Freizeit sähe ohne technisch geprägte Dinge vollkommen anders aus. Wir könnten weder ein Kino noch das Hallenbad besuchen, es gäbe keine Skateboards, keine Fahrräder, keinerlei Strom, kein fließend Wasser im Haus ...« »Das wäre aber gar nicht gut«, stellte Lutz fest.

Forscherfragen

- Können wir uns vorstellen, wie ein Leben ohne Technik aussehen würde?
- Glaubst du/glaubt ihr, dass Tiere auch Technik verwenden?
- Welche Bereiche in deinem/eurem Leben haben nichts mit Technik zu tun?
- Welche technischen Geräte verwendet ihr im Haushalt?
- Was war alles anders, als es diese technischen Geräte noch nicht gab?
- Welche technischen Geräte sollten für die Hausarbeit noch erfunden und konstruiert werden?
- Welche technischen Geräte verwendest du/verwendet ihr in eurer Freizeit?

Abschied von Technikon

»Von dieser Seite aus habe ich das noch gar nie betrachtet«, bemerkte Leonie. »Opa, du hast aber etwas ganz Wichtiges vergessen: die Weltraumtechnik! Ich möchte wirklich zu gerne irgendwann wieder hierher zurückkommen. Ob das wohl möglich ist? Ich bin gespannt, wie sich die bemannte Raumfahrt weiterentwickelt.« »Ich auch, ich auch«, rief Lutz dazwischen. »Aber vorher will ich wissen, wie ich mein Fahrrad daheim auf der Erde reparieren kann. Der Vorderreifen hat nämlich ein Loch.«

»Für beide Probleme gibt es Lösungen«, beruhigte sie Opa. »Zunächst zum Fahrradflicken ...«

Fahrradflicken

Wer kennt dieses Ärgernis nicht, einen Plattfuß beim Fahrrad? Bevor jedoch eine Schlauchinstandsetzung erfolgt, sollte zunächst überprüft werden, ob das Ventil eventuell schadhaft ist. Auch hier bietet sich eine Kontrolle im Wasserbad an.

Die Reifendemontage

Entweicht dem Fahrradschlauch die Luft, so muss in aller Regel das Rad ausgebaut und der Reifen abmontiert werden. Sowohl die Demontage, also das Abnehmen, als auch die Montage (das spätere Aufziehen des Reifens) sollten Kinder beim ersten Mal nur unter Anleitung durchführen. Die Zuhilfenahme spitzer Werkzeuge, z. B. von Schraubendrehern, muss dabei unbedingt vermieden werden. Zur Arbeitserleichterung gibt es hierfür spezielle Montierhebel, die im Fahrradfachhandel recht günstig zu erwerben sind.

Material

- Luftpumpe
- ein Behälter für das Wasserbad
- ein Fahrradschlauch
- Reparatursetpäckchen

Durchführung

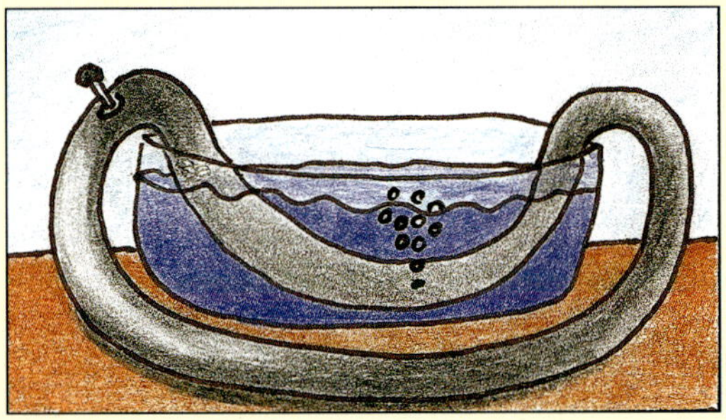

1. Um festzustellen, an welcher Stelle der Schlauch ein Loch hat, pumpen wir den ausgebauten Schlauch etwas auf und halten ihn in ein Wasserbad. Die aufsteigenden Blasen verraten die undichte Stelle.

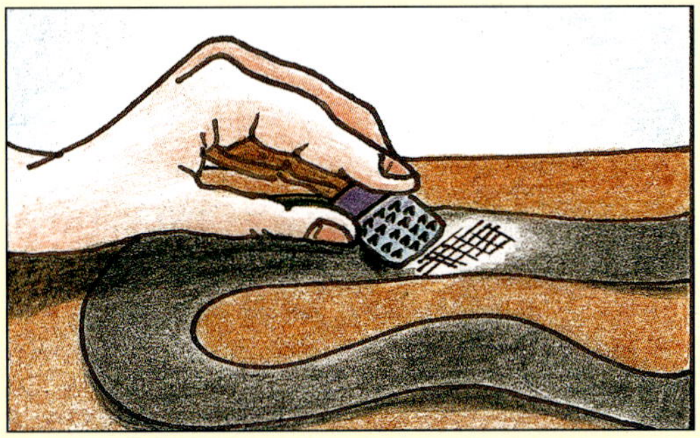

2. Ist die undichte Stelle bekannt, so wird der Schlauch gut abgetrocknet und das Loch mit einem Kugelschreiber durch einen etwas größeren Kreis markiert. Innerhalb dieses Kreises wird der Schlauch mit Sandpapier oder einer kleinen Reibe gründlich aufgeraut.

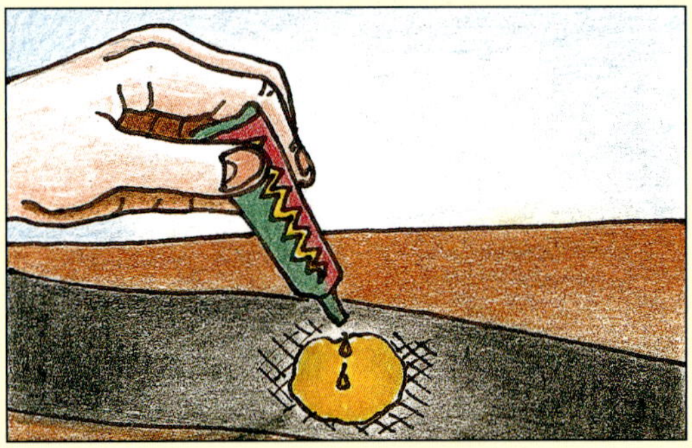

3. Nun wird die Vulkanisierflüssigkeit (Gummilösung) auf die aufgeraute Fläche aufgetragen und gewartet, bis diese wieder ganz trocken geworden ist. Am besten wird dies durch vorsichtiges Antupfen mit einem Finger überprüft.

4. Hat man sich vergewissert, dass diese Stelle ganz getrocknet ist, wird die Metallfolie vom Flicken entfernt. Der Flicken wird mit dieser Seite kräftig auf den Schlauch gepresst. Der Schlauch ist nunmehr wieder bereit für den Einbau in das Rad.

Schwieriger gestaltete sich die Beantwortung von Leonies Frage. »Wenn wir zum Beispiel wissen wollen, wie sich die Weltraumfahrt zukünftig entwickeln wird, können wir die sogenannte *Szenario-Methode* anwenden. Diese wird eingesetzt, um eine möglichst genaue Vorstellung von der Zukunft zu entwickeln. In der Technik wird sie sehr oft angewandt.« »Da bin ich aber gespannt, wie du in die Zukunft schauen möchtest«, lachte Oma ihn aus. »Verwendest du dafür etwa eine Glaskugel wie die Wahrsagerin auf dem letzten Jahrmarkt?« »Aber nein«, verteidigte sich Opa. »Die Szenario-Methode ist alles andere als Hokuspokus! Mit ihrer Hilfe wird versucht, die technischen Möglichkeiten der nächsten fünf, zehn oder sogar 20 Jahre einzuschätzen.«

»Und wie soll das gehen?«, fragte Leonie gespannt. »Für eine solche Vorhersage beschaffen wir uns über das Thema, über dessen Zukunft wir gerne näher Bescheid wüssten, alle Informationen, die mit ihm zusammenhängen. Du, liebe Leonie, fragst dich doch, wie es mit der bemannten Raumfahrt wohl weitergehen könnte. Um diese Frage beantworten zu können, müssen wir zunächst alles in Erfahrung bringen, was wir über die bemannte Raumfahrt wissen. Aus allen gesammelten Informationen entwickeln wir dann zwei unterschiedliche Bilder dieser Zukunft. Das eine Bild ist ganz gruselig, denn wir stellen uns vor, was in Zukunft alles schiefgehen kann. Das andere Bild sieht hell und freundlich aus, eben so, wie wir uns die Zukunft wünschen.«

»Am wahrscheinlichsten ist wohl die *goldene Mitte*, wie bei fast allem, stimmt's?«, fragte Oma. »Perfekt kombiniert!«, bestätigte Opa seinen Vortrag.

Forscherfragen

- Wann gab es den ersten bemannten Weltraumflug? Versuch dich/versucht euch darüber zu informieren.
- Wie ging es in der Weltraumfahrt weiter? Welches waren die wichtigsten Ereignisse?
- Wie hat sich die Technik seit dem ersten Weltraumflug verändert?
- Was könnte verhindern, dass es eine bemannte Expedition zum Mars geben wird?
- Wie müsste sich die Weltraumfahrt weiterentwickeln, dass es zu einer bemannten Expedition zum Mars kommen wird?
- Wie schätzt du/schätzt ihr die Situation ein: Kommt es zu einer bemannten Marsexpedition?
- Wird der Weltraum touristisch erschlossen? Kommt es zum Weltraumtourismus? Was denkst du/denkt ihr?

Vor ihrer Heimreise war es den vier Technikon-Pionieren ein großes Anliegen, sich von den »unsichtbaren« Bewohnern des Planeten, den Technikons, zu verabschieden. Gemeinsam verfassten sie folgenden Text:

Liebe Technikons,

vielen Dank, dass wir euren wunderschönen Planeten erkunden durften! Schade, dass wir euch nicht persönlich kennenlernen durften, aber vielleicht klappt das ja beim nächsten Besuch. Wir würden sehr gerne wiederkommen und haben eine große Bitte an euch: Erlaubt ihr uns, unser Robomobil, die Brücke und das neue Haus hierzulassen? Das würde unseren nächsten Besuch sehr erleichtern.

Galaktische Grüße senden euch eure Erdlinge
Leonie, Lutz, Oma Liesel und Opa Willy

Kaum hatte Leonie die Nachricht versandt, kam auch schon eine Antwort. Offensichtlich hatten die Bewohner des Planeten die vier Technikerinnen und Techniker genau im Blick.

Liebe Erdlinge,

ihr habt euch würdig erwiesen, auf unserem Planeten zu leben, denn ihr habt darauf geachtet, unsere schöne Natur, die Tiere und Pflanzen und auch uns selbst mit Respekt, Einfühlungsvermögen und mit großer Umsicht zu behandeln. Ihr hinterlasst keinen Abfall und keine zerstörten Landschaften. Auch unser Wasser und unsere Luft habt ihr nicht verunreinigt. Ihr wart stets darauf bedacht, uns nicht zu schaden. Deshalb erlauben wir euch, das Robomobil, die Brücke und euer selbst gebautes Haus bei uns auf Technikon zu belassen. Wir freuen uns schon sehr auf euren nächsten Besuch und wünschen euch einen guten Rückflug.
Kommt bald wieder und bringt bitte euren lustigen Vogel wieder mit. Wir haben uns prächtig mit ihm unterhalten!

Kosmische Grüße,
eure Technikons

Das war eine gute Neuigkeit! Eine solch freundliche Antwort hatten die vier Erdlinge nicht erwartet. »Was bedeutet denn der letzte Satz?«, wollte Lutz wissen. »Keine Ahnung«, wunderte sich Leonie. »Rabine kann doch gar nicht sprechen.« »Vielleicht haben die Technikons ihre Krähensprache decodiert?«, vermutete Opa. »Rabine, Rabine«, drohte Oma der Krähe mit dem Finger. »Du hast uns ganz schön hinters Licht geführt! Während wir uns hier abmühten, hast du dich heimlich mit den Technikons vergnügt. Du bist vielleicht ein raffinierter Vogel!«

Rabine blickte sie mit ihren schwarzen Krähenaugen an, als wollte sie sagen: »Was seid ihr Menschen doch umständlich! Ihr denkt, ihr bräuchtet so viele Dinge zum Leben. Nehmt euch ein Beispiel an mir: Ich brauche nur Futter, Wasser und einen schönen, gemütlichen Schlafbaum, schon bin ich zufrieden und habe viel Zeit, außerirdische Bekanntschaften zu schließen.«

Die Stunde des Abschieds war gekommen. Die Astronauten mussten sich wieder in die maßgeschneiderten Raumanzüge zwängen. Schwer beladen nahmen sie in ihrer Raumkapsel Platz, gurteten sich an, und sie hörten, wie eine Sprecherin der Weltraumbehörde den Countdown aufsagte: ten, nine, eight, seven, six, five, four, three, two, one, zero!

Hui, ging das los! Die Raumkapsel schoss in den Weltraum hinauf, und die Heimreise begann.

»Ach, ich freue mich so auf eine richtig gute Tasse Kaffee«, schwärmte Oma. »Ich kann diesen Muckefuck nicht länger ertragen.« »Das musst du auch nicht«, lachte Opa, »denn bald sind wir daheim.«

»Krah!«, freute sich Rabine, die in ihrem Raumanzug ziemlich komisch aussah. »Zu Hause glaubt uns das kein Mensch«, flüsterte Lutz Leonie zu. »Wer weiß, vielleicht doch?«, flüsterte Leonie zurück und zwinkerte Lutz lächelnd zu.

Der heiße Draht

»Der heiße Draht« (auch »Die Zitterhand« genannt) ist ein bei Kindern beliebtes Geschicklichkeitsspiel. Es lässt sich auf recht einfache Weise herstellen und dabei sogar zu einem optischen Morseapparat umfunktionieren. Auch bei der Herstellung sind der Kreativität kaum Grenzen gesetzt. Stets geht es darum, dass eine kleine und enge Drahtschlaufe durch einen in vielen Bögen – sie dienen als Hindernisse – gebogenen Draht gefädelt werden muss. Wer mit der Drahtschlaufe den Fädeldraht berührt, schließt einen einfachen Stromkreis und löst dadurch ein optisches Signal, z. B. das Leuchten eines Fahrradlämpchens, aus. Ebenso wäre auch das Betätigen eines Summers möglich, also eines elektrischen Tonerzeugers, den es sehr günstig im Fachhandel zu kaufen gibt. Natürlich lassen sich auch das akustische und optische Signal kombinieren.

Materialien

- 4,5-Volt-Flachbatterie
- Glühbirnchen mit Fassung
- Litze oder Schaltdraht
- ein Holzbrett
- fester Draht (z. B. Floristendraht oder 1,5 mm dicker Schweißdraht)
- Rundholz für den Griff
- verschiedene Holzschrauben
- eventuell Lüsterklemmen

Durchführung

Nachdem Kinder verstanden haben, wie ein einfacher Stromkreis aus Spannungsquelle und Verbraucher aufgebaut ist, fällt ihnen die Konstruktion dieses Geschicklichkeitsspiels in aller Regel sehr leicht. Ein Pol der Spannungsquelle, am besten der Pluspol, führt zum Glühlämpchen und von dort weiter zu dem in Bögen geformten Draht. Der andere Pol der Spannungsquelle, am besten der Minuspol, wird mit der Drahtschlaufe, die sich vorne am Holzgriff befindet, so verbunden, dass diese ringförmig um den Draht des Pluspols passt. Die Größe dieses Rings und die Form des »heißen Drahts« bestimmen die Schwierigkeitsstufe des Spiels.

Technik macht´s möglich!

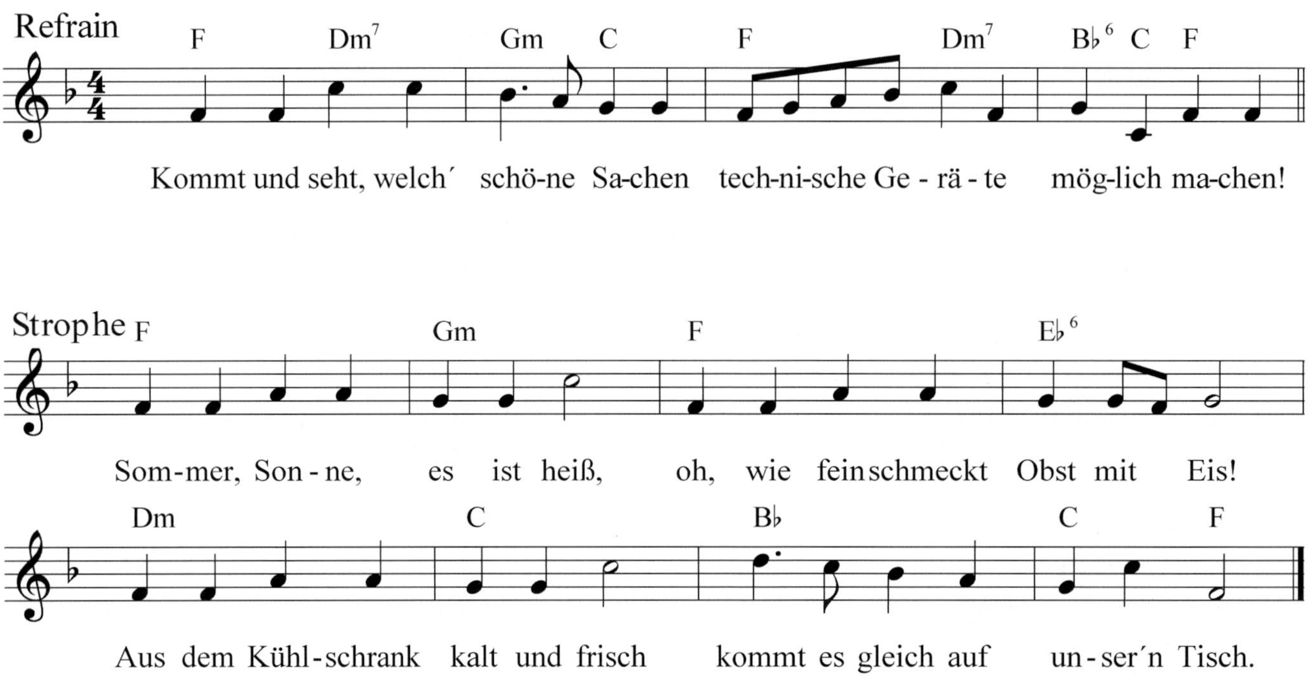

Haushalt- und Freizeit-Lied

Kommt und seht,
welch' schöne Sachen
technische Geräte
möglich machen!

Sommer, Sonne, es ist heiß,
oh, wie fein schmeckt Obst mit Eis!
Aus dem Kühlschrank kalt und frisch
kommt es gleich auf unsern Tisch.

Winterwetter, Eis und Schnee,
und wir friern vom Kopf bis zum Zeh!
Wer keine Badewanne hat,
wärmt sich auf im Hallenbad.

Gruselspannung, Ritterschlag!
Wer solch Abenteuer mag,
darfs am Fernsehbildschirm sehn,
oder kann ins Kino gehn.

Was geplant ist, was gewesen,
könnt ihr in der Zeitung lesen.
Bücher für die Büchermaus
druckt die Druckerei euch aus!

Plus und Minus, Division,
oder Multiplikation:
Fällt das Rechnen gar zu schwer,
hilft der Taschenrechner sehr!

Fahrradfahrn hat seine Tücken:
Manchmal muss man Reifen flicken.
Radeln bringt uns rasch ans Ziel,
Fahrradfahren macht mobil!

Sport zu treiben mit viel Schwung
macht gesund und hält uns jung!
Skateboard, Snowboard, Rollertritt,
Sportgeräte halten fit.

Technisches Gerät im Haus
hilft uns viel – tagein, tagaus:
Waschmaschine, Herd und Fön,
Technik macht das Leben schön!

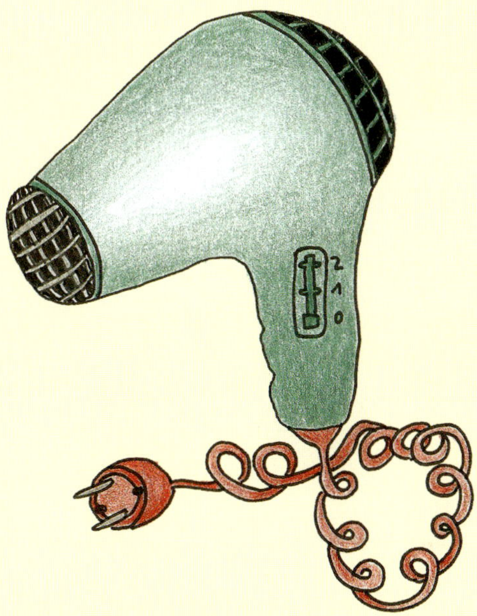

Mitwirkende der CD

Chor

Projektchor des Clara-Schumann-Gymnasiums in Lahr

Chor in alphabetischer Reihenfolge: Selina Cataltepe, Katharina Fünfgeld, Leonie Höpler, Alisa Isenmann, Sophie Mattern, Luzia Tietze, Cara Wind, Katharina Ziegler
Chorleiterin: Ruth Binder

Musikalische Begleitung

Ulrich Steurer: Oboe, Blockflöte und Schlagzeug
Viola de Galgóczy: Keyboards und Sounds
Samira Malaika Hodapp: Violine
Lutz Willy Friedrich: Schlagzeug
Jacob Riedel: Schlagzeug
Antonia Schmidt-Thomée: Schlagzeug
Gerhard Friedrich: Technik-Sounds

Tontechnik und Abmischung: Christian Steurer
Komposition, Texte, Arrangement und Aufnahmeleitung: Viola de Galgóczy

Produktion: Gerhard Krämer (roundabout music) und Gerhard Friedrich 2010

Fotos der Mitwirkenden

Antonia Schmidt-Thomée

Jacob Riedel

Lutz Willy Friedrich

Samira Malaika-Hodapp

Christian Steurer

Ulrich Steurer

Inhalt der CD

Handwerkerlied	4:40
Werkzeugführerschein-Lied	3:40
Technikon-Lied	6:01
Hausbau-Lied	4:34
Liedchen über Alternative Energien	4:32
Robomobil-Lied	2:19
Kommunikations-Lied	4:51
Technik macht´s möglich	2:50
Karaoke-Versionen aller Lieder	32.07

Gesamtlaufzeit der CD: ca. 64.20 min. (inklusive Liedzwischenräume)